80년대생들의 유서

이 책은 저작권법으로 보호받는 저작물입니다.
무단 복제와 무단 전재를 금합니다.

80년대생들의 유서

글 홍글

우리는 모두 시한부 인생

2년 전쯤, 매일 밤 불 꺼진 침대에서 스마트폰을 만지작거리며 쉽사리 잠에 들지 못하였다. 잠들고 싶지 않았다는 게 더 정확한 표현일 것 같다. 잠에 들었다 깨면 올 내일이 끔찍했기 때문이다. 당시 나는 편집증적인 직장 상사와의 마찰로 끔찍한 직장생활을 하고 있었다. 되돌아보면 그렇게 괴로웠다면 그냥 그만두었으면 되었을 텐데, 당시에 나는 나에게 그만둬도 괜찮다고 말해주지 못했다. 이렇게 힘들면 쉬어야 하지 않을까 생각하면서도 한편으로는 더 버텨보라고, 버티는 사람이 이기는 거라고 나 자신을 몰아세웠다.

어느새 나는 번아웃증후군*을 넘어서서 심각한 우울증을 겪게 되었다. 마치 늪에 빠진 사람처럼 빠져나올 수 없는 깊은 부정적 사고의 늪으로 끌려 들어가고 있었다. 오랜 기간 강도 높은 스트레스를 받아서였는지 항상 피곤했다. 나 자신을 극진하게 돌봐도 모자랄 판에, 이 모든 게 나의 잘못으로 인해 생긴 것처럼 느껴져 자기혐오에 빠지기도 했다. 거울에 비친 내 얼굴을 바라보며 거울 너머의 나 자신을 없애고 싶다는 생각을 하기도 했다. 결국 버티고 버티다 아무것도 할 수 없는 기진맥진한 상태가 되어서야 휴직을 했다. 생의 의지를 되찾기에는 3개월이 턱없이 짧았고 결국 미련 없이 퇴사를 하게 되었다. 오랫동안 내 감정을 거부하며 나를 돌보지 않은 결과였다.

퇴사 후에도 아무것도 할 수 없을 만큼 피곤한 상태가 몇 달 간 이어졌다. 무기력은 일상이었다. 기본적인 생활인 잘 씻고, 잘 먹고, 잘 자는 것조차 힘이 들었다. 이제부터는 두 번째 삶을 살아보자는 생각으로 신경정신과에서 상담을 받으며 기본적인 생활부터 다시 시작했다. 밥을 정성스럽게 챙겨 먹고 식물을 돌보고 산책을 했다. 겨우 기본적인 생활이 가능해졌지만 오랜 시간 비관에 절어 있던 마음에는 허무함이 주기적으로 찾아왔다. 살아 있다는 것의 기쁨을 전혀 모르겠을 때, 삶이 이런 것이라면 그만 살아도 되지 않겠냐고 종종 스스로에게 물었다.

그때부터 인생의 끝을 그린 책과 영상을 찾아 보기 시작했다. 간접적으로나마 인생의 마지막에는 결국 무엇이 남는지 알고 싶었다. 살다 보면 힘든 일도 종종 있겠지만 인생은 살아볼 만한 거라는 말을, 다른 이의 입을 통해 듣고 싶었던 건지도 모르겠다. 그러다가 실제 유서가 담긴 책을 접하게 되었다. 독일의 학자가 유서를 연구한 책 <이제 그만 생을 마치려 합니다**>와 국내의 다수의 유서를 분석한 책 <자살, 차악의 선택***>을 통해서 실제 자살한 사람들의 유서를 접했다. 실제 유서를 보니 죽음 직전에 내뱉는 날 선 감정들에 숨이 막혔다. 한참을 읽다 보니 죽고 싶어서 썼다기보다는 죽고 싶지 않지만 죽을 수밖에 없었던 사람들의 아우성이 들렸다. 분노와 원망이 폭발하듯 터져 나온 유서도, 세상에 미련이라곤 하나도 없어 보이는 담담한 유서도 있었다. 마지막에 남기는 메시지의 어조는 저마다 달랐지만, 삶에 미련이 없는 사람은 없는 것 같았다. 그러고 보면 자살한 사람들의 유서야말로 살고 싶다는 마지막 외침일지도 모르겠다.

아이러니하게도 극단적 행위인 '유서 쓰기'를 통해 인생의 끝을 그려보면 도리어 남은 인생을 잘 살아나갈 수 있겠다 싶었다. 고된 일상 속에서 잊히기 쉬운 진리인 '우리는 모두 언젠가 죽는다'는 사실과 마주하기에 이보다 좋은 도구는 없는 것 같다. 언제든 죽을 수 있다는 사실을 직시하면 자연스럽게 자신이 걸어온 길과 앞으로 남은 삶에서 무엇이 중요한지 생각해보게 된다. 끝내는 남아 있는 삶을 '어떻게' 살 것인가에 집중하게 된다.

남들의 유서도 보고 나의 유서도 써보니 다른 이들과 함께 해보고 싶다는 생각이 들었다. 그맘때쯤 친구들에게 우울증을 털어놓았다가 내 주변에도 가벼운 우울감부터 심각한 우울증 또는 공황장애까지 마음의 병을 앓고 있는 친구들이 많다는 것을 알게 되었다. 최근에는 우울증, 번아웃 증후군, 공황장애 등에 대한 논의가 활발해지고 관련 책도 많아졌지만, 여전히 개인이 극복해야 할 병으로 보는 시선이 있는 것 같다. 특히 정신 질병을 앓게 되면 정신적, 심리적으로 온전하지 못하다는 낙인이 두려워 숨기는 사람도 많다. 우울증조차 털어놓기 힘든 분위기라면 더 어두운 주제인 죽음에 대해서는 어떨까. 우리 사회에서도 웰다잉에 대한 논의가 이루어지고 있다지만 여전히 죽음에 관해서 이야기 나누는 것은 꺼리는 것 같다. 가장 이야기 나누기 힘들어하는 죽음에 관해서도 이야기 나눌 수 있다면 개개인의 아픔은 더 쉽게 꺼내 보일 수 있지 않을까. 그런 마음으로 또래들과 인생과 죽음에 관한 이야기를 나누고 유서 쓰기를 함께 해보고 싶었다.

주변의 80년대생 14명을 선정해 인터뷰를 진행했다. 내 앞의 한 명에게 집중하고 질문을 건네자 그들은 살아오면서 겪은 숱한 상처를 꺼내 보였다. 겉으론 그저 평범하게만 보였던 한 사람이 걸어온 울퉁불퉁한 삶의 궤적을 따라 걸으며 울컥하는 감정이 종종 목 언저리까지 올라왔다. 혹시 삶에 지친 사람이 있다면, 내가 만난 80년대생들의 인생 이야기와 유서를 나누고 싶다. 저성장 시대에 저마다의 방법으로 살아가고 있는 14명의 이야기를 통해 공감과 용기를 건네고 싶다.

1장에는 이 책을 쓰기까지의 개인적인 경험과 생각을 담았다. 2장에는 80년대생 14명의 인터뷰와 자필로 쓴 유서를 담았다. 이 책이 인생의 끝을 그려보고 남아 있는 삶을 더 소중하게 여길 수 있는 계기가 된다면 좋겠다.

* 한 가지 일에 몰두하던 사람이 정신적 육체적으로 극도의 피로를 느끼고 이로 인해 무기력증, 자기혐오, 직무 거부 등에 빠지는 증상을 말한다. 연소 증후군, 혹은 탈진 증후군 등으로도 불리고 있다.
(출처:한경 경제용어사전)

** 우도 그라스호프 저, 배진아 역, 해토(2005)

*** 박형민 저, 이학사(2010)

차 례

프롤로그   우리는 모두 시한부 인생 ———————— 2

1장 독백   퇴근길 전쟁의 패잔병 ———————— 12

         태어난 김에 사는 인생 ———————— 16

         장례비는 평균 천만 원 ———————— 20

         인생 2막 ———————— 24

         주 3일 근무 ———————— 30

         생전장례식 ———————— 34

2장 대화   들어가면서 ——————————— 40

1번 #프리랜서 #팟캐스트 #취향 #트렌드 #임신중 ——————— 42

2번 #의사 #기획자 #N잡러 ——————————————— 60

3번 #성악 #과외선생님 #난치병판정 ———————————— 74

4번 #30대 #싱글 #패션트렌드 #맥주 ————————— 92

5번 #화가 #작가 #영화감독 #공황장애 ——————— 108

6번 #퀴어 #성폭력가해자 #일상 ————————— 122

7번 #워킹홀리데이 #두바이호텔 #미얀마호스텔 #지금은제주 —— 136

8번 #디지털마케팅 #웹툰 #엄마 #다이어트 ————— 154

9번 #문헌정보학 #도서관 #NGO #지금은개발자 ————— 174

10번 #우울증 #극작과 #사회공포증 #성인ADHD #우울증잡지 — 190

11번 #행정고시 #트레이너 #진통제 #류머티즘관절염 ————— 202

12번 #디자이너 #창업 #동대문 #유기견 #비건 ——————— 216

13번 #성폭력피해자 #NGO #제작자 #평화와사랑 ————— 234

14번 #디자이너 #홀라 #하와이 ——————— 246

1장 독백

퇴근길 전쟁의 패잔병

2017년 가을쯤. 트렌치코트를 입은 사람들이 많았던 게 흐릿하게 기억나는 걸 보니 초가을이었던 것 같다. 6시쯤 퇴근을 해서 회사 앞 5분 거리에 있는 버스 정류장으로 향했다. 그 당시 다니던 회사는 양재 외곽에 있어서, 회사 앞에서 버스를 타고 세 정거장쯤 가야만 양재역 또는 강남역에서 환승할 수 있었다. 주변에 있는 회사에 다니는 사람들도 다 비슷한 사정이다 보니 저녁 6시만 되면 비어 있던 정류장이 퇴근하는 사람들로 붐비곤 했다. 버스 정류장 앞 좁은 2차선에는 퇴근하는 차들이 얼기설기 얽혀 짜증 섞인 클랙슨 소리가 줄곧 들려왔다. 클랙슨 소리를 뚫고 버스가 한 대 들어오면 사람들이 우르르 달려갔다. 빨리 일터를 벗어나고 싶은 사람들의 뒷모습에서 몸싸움에서 절대 지지 않겠다는 결의 같은 게 느껴졌다.

긴장하고 있다가 버스가 정차하면 재빨리 뛰어가 타야 하는데, 그날은 그럴 힘조차 나지 않았다. 경쟁에 뛰어드는 것을 포기하고 버스 한 대를 보냈다. 그러고 나서도 한 대 더.... 아침에는 콩나물시루처럼 가득 찬 2호선 지하철, 저녁에는 빼곡한 만원 버스에 몸을 싣는 하루. 매일 꾸는 악몽이라고 생각하고 싶을 만큼 심리적 피로감은 차곡히 쌓여가고 있었다. 문득 제법 당찬 마음으로 첫 출근 했던 날을 떠올려봤다. 출퇴근 시간이 1시간이 넘게 걸려도 즐겁게 다니던 시기가 있었다. 출퇴근길 교통 환경이 좋았던 것도 아닌데 이제 막 사회에서 역할을 맡게 되었다는 것에 들떠 꽤 씩씩했다. 그때와 지금은 무엇이 다를까. 일상에서 반복적으로 겪는 불쾌한 일로 출퇴근 시간이 싫어졌을 수도 있겠지만 그보다 내 마음의 상태가 곪은 것이 다른 점일 테다. 나에게는 끔찍한 퇴근길이 누군가한테는 늘 일어나는 사사로운 일에 불과할지도 모른다. 내 마음이 지옥이니 세상도 지옥으로 보였음이 분명하다. 급해 보이는 사람들에게 포기하듯 양보를 하기 시작하니 끝도 없이 순번이 밀려났다. 서울에서의 삶은 계속 이런 식일까. 밀리고 밀려 덩그러니 남겨졌을 때쯤 헐렁한 버스가 오면 아무도 밀치지 않고 밀쳐지지도 않고 탈 수 있었다. 퇴근길조차 경쟁을 해야 하다니... 매일같이 벌어지는 퇴근길이 전쟁이라면 난 늘 패잔병이었다.

하루는 신호등에 파란불이 켜지자마자 냅다 달리는 차들의 바퀴에 눈이 갔다. 빠르게 굴러가는 은빛 휠을 보면서 나도 모르게 '아, 저 바퀴에 치인다면 이 모든 게 끝날까' 하는 생각이 들었다. 순간 나조차 그런 생각을 했다는 것에 흠칫 놀랐다. 나중에 알게 되었는데 우울증에 걸린 사람들이 흔히 하는 생각이라고 한다. 직장 상사와의 갈등, 조직의 구조적인 답답함, 나아가지 못하는 기분 등에서 시작된 스트레스가 어느새 내 삶의 곳곳에 전이되듯 퍼져나가 죽고 싶다는 생각을 일상적으로 하고 있었다. 직장에 더 다녔다가는 정말로 내가 나를 어떻게 할 수도 있겠다는 생각이 들었다.

 급하게 3개월간 무급 휴직을 신청했다. 쉬는 동안 은유 작가님의 책 <알지 못하는 아이의 죽음>*을 읽고 눈시울이 붉어졌다. 책에는 실업계 고등학교, 마이스터고를 졸업하고 취업한 아이들의 이야기가 담겨 있었다. 산업 현장에서 괴롭힘을 당해서 스스로 목숨을 끊거나 안전이 취약한 곳에서 일하다가 사고로 죽은 아이들의 이야기가 있었다. 그 아이들이 심리적 절벽 끝에서 SOS를 보냈을 때 어른 중 누구도 회사를 그만둬도 된다고 말해주지 못했다. 우리가 그토록 중요하게 생각하는 가치인 성실함, 인내심이 때로는 독이 되기도 한다. 안타까운 아이들의 사연에서 과거의 나의 모습을 보았다. "힘들면 그만둬도 돼."라고 나에게 왜 말해주지 못했을까. 죽고 싶을 만큼 힘들다면 무조건 견디는 것이 능사는 아니다. 앞으로도 괴로운 날이 여러 날 지속된다면 스스로 말해줄 셈이다. "힘들면 그만둬도 돼."라고. 달리는 바퀴를 보고 죽고 싶다는 생각이 들면 언제든 그만둬도 된다고.

* 은유 저, 돌베개(2019)

태어난 김에 사는 인생

3개월간의 휴직 기간 내내 고민하다가 복직하지 않고 퇴사를 했다. 나를 아프게 만드는 환경으로는 돌아가지 않기로 했다. 퇴사 후에도 한동안 그냥 푹 쉬었으면 좋았으련만 조급함이 불쑥불쑥 튀어나왔다. 이러다 영영 사회생활을 하지 못하고 영원히 우울증 환자로 낙인찍히는 건 아닐까 하는 불안감에 휩싸였다. 앞으로도 이렇게 힘들 거라면 왜 살아야 하는지 이유를 찾고 싶었다. 이유를 찾지 못하는 거라면 애초에 살아가는 것의 이유란 없는 게 아닐까 하는 생각이 들 때쯤 법륜 스님의 말씀을 듣게 되었다.

　스님이 말씀하시길, 인생을 살아가는 데에는 이유가 없기 때문에 왜 살아야 하는지 이유를 찾으려 하면 찾지 못할 게 분명하다고 하셨다. 살아야 할 이유를 못 찾게 되면 결국 죽을 이유를 찾게 된다는 것이었다.

　그 말을 들으니 나는 나의 성과와 존재의 가치를 동일시하면서 무언가 이루지 못하면 쓸모없는 존재라고 생각하고 있었다는 걸 깨달았다. 길가에 풀이 자라듯, 사람도 그렇게 태어나서 존재할 뿐인데, 살아 있다는 것 자체가 의미라는 것을 잊고 있었던 건 아닐까. 무의식중에 인생을 승패로 인식하고 있었음이 분명하다. 물론 이루고자 하는 바를 이룰 수 있다면 더없이 좋겠지만, 목표를 이루는 것을 실패했다고 해서 살아갈 가치가 없는 것은 아니다. 살아 있는 한 존재하는 것에 실패할 수는 없다. 목표가 있다면 좋겠지만 없어도 괜찮다. 그렇게 생각하고 나니 태어난 김에 사는 인생인데 얼마나 아등바등하며 살아왔나 싶다.

아무리 힘들어도 우울감에 빠져 나 자신을 잃어가지 않는다. 방법을 계속해서 찾아가는 것, 그것이 곧 자기를 지키는 일이다. (중략) 영화 <마션>에서 화성에 홀로 남겨진 우주 비행사 마크 와트니는 자신이 '왜' 화성에 남겨졌는지에 대해 집착하며 우울해지기보다 자신이 화성에서 '어떻게' 생존할지에 더 집중했다. 그렇게 화성에서 감자 농사를 짓고 하루하루를 견뎌 내면서 마침내 지구로 귀환한다. 그의 말은 곧 내가 나에게 그리고 고통을 겪고 있는 누군가에게 들려주고 싶은 이야기와도 같다.

──────────── 97p, 죽고 싶은 사람은 없다 | 임세원 | 알키출판사

신경정신과 임세원 선생님의 책 <죽고 싶은 사람은 없다>를 읽으면서 줄 친 부분이다. 책을 읽고 '왜' 살아야 하는지 다시 물어보았지만 역시나 할 말이 없다. 앞서 말한 것처럼 '왜' 사냐는 말은 존재의 가치에 관해 묻는 것이기 때문이다. 달리 말하면 너는 왜 존재하느냐 묻는 것과 같다. 사람이 물건도 아니고 태어나야 할 이유를 가지고 태어나는 것은 아니지 않은가. 그렇다면 태어난 김에 사는 인생이 맞다 싶다.

그럼 이제 '어떻게' 살까 질문해보니 자연스럽게 대답이 떠올랐다. 이전과는 다른 모습으로 살고 싶다는 생각이 들었다.

좀 더 편안한 마음을 가지고 일을 하고, 개인 시간을 늘릴 수 있는 방향으로 삶을 꾸려가고 싶다고 생각했다. 커다란 조직에 소속되어 일하기보다는 나를 좀 더 필요로 하는 곳에서 일하자고 마음먹었다. 필요 없는 건 과감히 줄여 삶의 규모를 축소해 조금 덜 벌더라도 덜 괴롭게 살 방법을 찾자고 다짐했다. 그렇게 마음먹고 나니 수없이 나 자신에게 물었던 답이 없는 질문, 도대체 왜 살아야 하냐는 질문을 그제야 내려놓게 되었다. 어차피 낙오한 거 천천히 속도를 늦추고 남들과는 다른 샛길로 빠져보기로 했다. 그렇게 해도 죽고 싶다면 그때 또 쉬어가자고 마음먹었다.

장례비는 평균 천만 원

한때 인생을 마무리할 방법을 진지하게 생각해보기도 했지만 아무리 생각해봐도 고통스럽지 않게 죽을 방법도 없거니와 주변에 피해를 끼치지 않고 평화롭게 죽을 수 있는 방법이 없었다. 그야말로 살아 있다는 것은 실타래처럼 얽히고설킨 사회적 관계를 맺고 있다는 것이다. 이 관계를 무시하고 증발하듯 사라질 방법은 없다. 오히려 사회적으로 완벽하게 고립된 사람들은 원치 않아도 증발하듯 아무도 모르게 죽어가고 있다. 주어진 생만큼 살다 가는 것이 우리에게 주어진 사회적 역할을 온전히 수행하는 것일지도 모르겠다.

그런 생각을 하던 중에 아는 언니를 만날 일이 있었다. 같이 차를 타고 가다가 언니로부터 장례비에 대해 듣게 되었다. "친구 할머니가 돌아가셔서 장례식을 했는데 장례비가 천만 원쯤 들었대. 나는 몰랐는데 장례비가 평균 천만 원이더라고. 그래서 자식들끼리 서로 얼마 낼지를 두고 다퉜다나." 그 말을 듣고 속으로 죽기 전에 장례비는 남겨놓고 죽어야겠다고 생각했다. 나는 언니에게 가족들에게 남길 유서에 "장례는 가족들끼리 조용히 치르고, 화장한 후에 숲에 뿌려줘."라고 쓰고 싶다고 말했다. 언니가 말하길 "화장만 하는 건 안 해준대. 장례도 결혼식처럼 세트 상품이라서 장례식장 비용을 치러야 절차를 밟을 수 있대." 절차는 점차 간소해지겠지만 죽음의 사회적 절차와 비용에 대해서도 무지했다 싶다. 아마도 아직 젊어서 그런 것일 테다. 장례식을 가본 경험도 열 손가락을 벗어나지 않으니 말이다.

누군가는 죽고 싶으면 뒷일은 어찌 되었든 콱 죽어버리면 되지 뭘 그런 걱정을 하느냐고 생각할 수도 있다. 사실은 남겨진 사람들이 염려된다는 핑계로 아직은 떠날 수 없었던 것인지도 모르겠다. 고통 없이 생을 마감하고 싶다는 생각이 종종 들기도 하지만 어쩌면 나는 불시에 죽어버리기보다는 삶을 잘 살아내고 싶었던 건 아닐까.

이후에 인생의 끝을 상상하며 유서를 쓰기 시작했다. 유서를 쓰자니 마치 이사를 위해 케케묵은 짐을 꺼내 정리하듯 현재 가지고 있는 것과 남기고 갈 것에 대해 생각하게 되었다. 장례 방법과 장례 비용에 대해서도 대강 적어본다. 절차가 간소화된다면 수목장이 가장 좋을 것 같다고 생각했다. 유지를 망설이던 종신보험은 장례식 비용을 위해 놔두기로 했다.

이상하게도 유서를 써본 이후로 어떻게 죽을지보다 어떻게 살아야 할지를 생각하게 된다. 그건 아마도 인생에 끝이 있다는 것을 거듭 확인하게 되기 때문일 것이다. 마치 여행에서 아침을 맞이하듯 오늘 하루도 어떻게 보낼지 생각해보는 건 어떨까. 인생이 여행이라고 생각해보면 죽음에 가까워졌을 때의

모습을 그려보아도 절망적이지는 않다. 여행의 끝에는 추억이
함께할 테니 말이다.

인생 2막

퇴사할 즈음 살고 있던 원룸도 건강을 더 악화시켰던 게 분명하다. 출퇴근하는 시간을 줄이기 위해 선택했던 2호선 역세권에 있는 원룸이었다. 침대에 누우면 주방과 욕실이 한눈에 보였다. 그 집에 산 지 2년이 다 되어가고 있었지만, 도무지 정이 들지 않았다. 동네에서는 하루가 멀다고 수익형 원룸 빌딩을 지어대는 공사 소리가 났다. 도심 한복판의 상자에 갇힌 느낌이 종종 들었다. (물론 그 상자에 갇히려면 1억이 필요했다.)

종종 전에 살던 남자가 생각났다. 주인집 할아버지가 방을 보여주면서 공무원인 남자가 6년째 살다가 세종시에 아파트 청약이 되어 이사를 하게 되었다고 했다. 문을 열자 방 안에는 이사를 준비하느라 그랬는지 원래 그렇게 살았는지는 모르겠지만 라면 박스가 빈틈없이 쌓여 있었다. 그 박스들 사이에 놓인 화이트보드에는 궁서체로 "인생 2막"이라고 적혀 있었다. 인생 2막이라... 그의 인생 2막은 집 같은 집을 산 후의 삶을 말하는 것이었을까. 그도 그럴 것이 쌓아둔 짐이 공간을 잠식했다고 할 만큼 여유 공간이 없어 보였기 때문이다. 아파트 당첨 전에 적은 것인지, 당첨 후에 적은 것인지는 잘 모르겠지만 나도 그 원룸으로 이사를 마음먹었을 때 언젠가 그 남자처럼 인생 2막을 맞이하는 꿈을 꾸었던 것 같다. 경력을 쌓아 연봉도 올리고 아파트를 사는 꿈.

아쉽게도 그 집에 사는 동안 꿈에 조금도 가까워지지 못했다. 오히려 스트레스를 많이 받던 시기에 좁은 공간에서 지내다 보니 마음의 우울만 더 커졌다. 효율을 고려한 선택이었는데, 효율만 좇다가 삶의 목적을 잃어가고 있었다. 무엇보다 나자신을 잘 모르고 했던 선택이었다. 더는 이렇게 살 수가 없었다. 퇴사하고 마지막 힘을 모아 이사를 준비했다.

서울에서 살았던 동네 중에 가장 삶의 만족도가 높았던 노원으로 향했다. 운 좋게도 이제 막 나온 집 중에 마음에 쏙 드는 집을 만났다. 서울 외곽이다 보니 중심권보다 가격도 저렴하고 공간도 넓었다. 오후 2~3시쯤 보러 간 집에는 햇빛이 쏟아지고 있었고 베란다에서는 집 앞 공원의 빼곡한 나무가 훤히 내려다보였다. 이제 막 노랗게 물들기 시작한 은행나무들을 보면서 여기에서라면 몸과 마음을 잘 돌볼 수 있을 것 같다고 생각했다.

이사를 계기로 대부분의 짐을 처분하고 다시 시작하기로 했다. 1년 동안 한 번도 안 입은 옷은 다 버리고, 책도 처분하고, 낡았던 가구도 버리고 나니 이사하는 날 1톤 트럭이 헐렁했다. 텅텅 빈 집에 와서 처음으로 구매한 건 마음껏 뒹굴 수 있는 퀸사이즈 침대였다. 침대에 누워서 늘어난 여백을 바라보면 마음이 편안했다. 아침이면 눈이 부시게 햇빛이 쏟아져서 늦잠을 자려고 해도 눈이 떠졌다. 동네를 오가다 사 온 장미에서는 꽃봉오리가 쑥쑥 올라왔다. 걷고 싶을 땐 많이 걷고 저녁엔 침대맡에서 책을 읽고 하루를 보내며 느꼈던 감정을 적었다. 지독하게 우울한 날도 있었지만, 그럭저럭 괜찮은 날도 있었다. 그렇게 몇 달을 보내면서 거울에 비친 내 모습을 보는 게 조금은 편안해지기 시작했다. 이대로도 괜찮다고, 지금의 내 모습을 받아들이자고 되새기다가 잠이 들곤 했다.

생각해보면 나는 항상 나 자신이 불만족스러웠다. 더 날씬했으면, 더 예뻤으면 좋았을 텐데. 예쁘지 않으면 능력이라도 뛰어나야 한다고 생각했다. 나 자신을 항상 불완전한 존재로 생각하며 타인과 끊임없이 비교했다. 타인들이 정해놓은 기준과 현재의 나를 저울질하며 부족한 부분을 집요하게 찾았다. 불완전한 현재의 모습은 실패한 사람이고 의미가 없는 것처럼 느껴졌다. 인정받고 싶은 명확한 대상이 있었던 것도 아니다. 막연하게 모든 사람들에게 인정받으려고 하니 마음이 항상 공허하고 채워지지 않을 수밖에 없었다. 다른 사람들의 기준에서 벗어나서 나 그대로를 받아들이는 연습이 필요했다. 아파트 청약으로 맞이하는 2막이 아니라 내 인생의 2막을 준비해보기로 했다.

우선 지키지 못할 계획을 세우는 것은 그만두기로 했다. 항상 무리한 계획을 세우고 지키지 못하게 되면 자기 자책하는 일이 쌓여 괴로울 때가 많았다. 이전에는 '이번 달까지 책 만들기'와 같은 결과 중심의 계획을 세우고 지키지 못하게 되면 자책했다. 지금은 매일 몇 줄이라도 쓰자고, 잘 안되면 내일 또 시도해보자는 식으로 실행하는 것에 의미를 두기로 마음먹었다. 뭐든 가벼운 마음으로 즐겁게 해야 오래갈 수 있다는 것을 마음에 새겨본다.

소비하는 습관도 리셋했다. 한창 회사에 다닐 때는 스트레스를 많이 받으면 해외여행을 간다거나 비싼 스포츠용품을 사는 등 소비를 함으로써 해소한 적이 많았다. 이사를 계기로 물건을 비우고 나니 인생에 필요한 물건이 그렇게 많지 않다는 것을 깨달았다. 보지 않는 책, 1년 이상 입지 않은 옷, 잘 사용하지 않는 도구를 중고시장에 팔거나 나눔 했다. 불필요한 것을 덜어 내면서 소비에 대해서도 다시 한번 생각해보는 계기가 되었다.

힘든 시간을 견뎌내고 받은 선물이 있다면 내가 어떤 환경에서 어떤 상황에 부닥쳤을 때 힘들어지는지 알게 되었고 타인의 시선으로부터 조금은 자유로워졌다는 것이다. 한때는 저주하기도 했던 나의 상사에게도 이 지면을 통해 고맙다고 말하고 싶다. 그녀와의 시간을 통해 나 자신에 대해서 더 잘 알 수 있게 되었다. 앞으로도 살면서 문제는 계속 생기고 스트레스도 당연히 딸려 오겠지만 이전처럼 나 자신을 방치하지는 않을 것이다. 나 자신과 조금 더 잘 지낼 수 있게 된 지금이 바로 인생 2막이라고 할 수 있을 것 같다.

주 3일 근무

통장 잔고가 점점 줄어가고 있을 때쯤 지인에게서 면접 볼 생각이 있냐는 연락을 받았다. 다시 사회생활을 시작하려면 계기가 필요할 것 같아 연습이나 할 겸 면접 약속을 잡았다. 막연하게 새로 다닐 회사는 사회에서의 인지도나 연봉이 높기보다 일할 때 마음이 편한 곳이었으면 좋겠다고 생각했다.

연습차 가는 마음으로 면접에 향했다. 두 명의 면접관과 면접을 보는데 첫 질문으로 마치 내 속을 들여다본 적이 있는 것 같은 질문이 나왔다. "이렇게 힘든 클라이언트들 상대하면서 힘든 일은 없었어요?" 나는 클라이언트뿐만 아니라 상사 때문에 힘들었다고 솔직하게 대답했다. 사실 경력직 면접에서 상사와의 갈등이 있었다고 말하는 것은 나에게도 문제가 있노라 고백하는 것이 되기 때문에 평소라면 절대 안 했을 이야기다. 솔직하게 말하고 기대는 안 하기로 했다. 면접을 마친 후 생각해보고 연락을 준다고 할 줄 알았는데, 현장에서 바로 같이 일해보자는 말을 들었다. 이런 환경에서 견뎠다면 우리 회사에서 있는 어떤 일이든 잘 해낼 것 같다고 했다.

그렇다면 나도 원하는 조건을 던져보고 싶어졌다. "정규직으로 계약하되, 3일만 일하고 싶습니다." 작은 회사다 보니 일이 많고 사람이 급해서 안 된다고 할 줄 알았는데, 의외로 쉽게 승낙이 떨어졌다. 3일 근무가 이렇게 쉽게 이뤄지다니. 그렇게

3일 근무가 시작되었다. 남들보다 적게 일하는 대신 3일 동안 무엇이든 결과물을 만들고자 한다. 처음엔 3일 근무로도 효율을 잘 낼 수 있다는 것을 증명이라도 할 것처럼 무리하기도 했었다. 적응되고 나니 힘들 만하면 쉬었다 갈 수 있어 참 좋다. 화날 일도 줄었고, 홧김에 쓰던 돈도 현저하게 줄어들었다. 카페에 앉아 넋 놓을 수 있는 여유도 생겼다. 어쩌면 나는 5일 일하기에는 체력이 부족해서 마이너스 통장처럼 체력을 계속 대출해서 쓰고 있었던 것인지도 모르겠다.

 어느새 주 3일 근무를 한 지 1년이 지났다. 수입은 예전보다 줄었지만 회사 일 외에 다른 걸 해볼 수 있는 시간이 생겨서 좋다. 예전부터 회사생활 외에도 개인 작업을 하려고 여러 가지 시도를 했었는데, 매달리다 보면 일주일에 쉬는 날이 하루도 없기도 했다. 지금은 회사원인 내가 기본 소득을 벌어 오고, 글 쓰는 내가 쏠쏠한 용돈을 벌어 오는 그런 그림을 꿈꿔본다. 언젠가는 글 쓰는 내가 회사원인 나를 앞지르는 날도 오지 않을까. 이전과는 확연히 다른 게 있다면 반드시 계획대로 이뤄져야 한다고 초조해하지 않고 어떻게 흘러가든 즐기는 마음으로 지속해보려는 마음가짐이다.

생전장례식

뉴스*를 통해 생전장례식을 치른 김병국 할아버지를 알게 되었다. 할아버지는 전립선암 말기로 언제 어떻게 될지 모르는 상태였는데 생전장례식을 하기 원하셨다. 죽어서 영정사진에 절하면 무슨 소용이냐고, 살아 있을 때 보고 싶은 사람들을 불러놓고 맛있는 것 먹으며 인사하고 싶다고 하셨다. 인터넷에 검색해보니 일본에서는 많은 사람들이 생전장례식을 치르고 있었다.

문득 얼마 전 갔던 장례식장의 풍경이 떠올랐다. 장례식장은 효율적인 시스템을 갖춘 공간이었다. 수십 명이 갑자기 들이닥쳐도 질서가 흐트러지지 않는다. 차례차례 입장하면서 부조를 하고 영정사진이 있는 방에서 유족들과 인사를 나눈 후 절을 한다. 이후에는 육개장을 먹고 퇴장한다. 모든 것이 빠른 나라답게 장례 문화도 속전속결이다. 죽음을 애도하기에는 퍽이나 짧은 시간이다. 고인은 이미 죽은 몸, 영정사진 속 모습을 보며 명복을 빌 뿐 대화를 나눌 수 없다. 생전 처음 보는 고인의 유족들을 보면서 슬픔의 연대를 느낄 뿐이다. 유족의 입장에서도 슬퍼할 겨를 없이 단 2~3일 내에 몰아치는 손님을 맞이하다가 모든 장례 절차가 끝나고 나서야 슬픔이 몰려온다고 한다. 고인, 조문객, 유족 모두에게 아쉬운 장례 문화지만 대안이라고 할 만한 게 없어서 유지되고 있는 듯하다. 결혼 문화가 계속 변하고 있듯이 장례 문화에도 서서히 변화가 생기지 않을까.

　나의 장례식도 상상해본다. 갑작스럽게 죽지 않고 오래 살다가 지병으로 죽음이 가까워지고 있다면 나도 생전장례식을 치르고 싶다. 살아 있는 동안 소중했던 사람들을 불러 모아 즐거웠던 추억을 다시 나누고 싶다. 하루 종일 음식을 즐긴다는 유럽 사람들처럼 한나절 맛있는 음식을 다같이 나눠 먹으며 밀린 이야기로 남아 있는 시간을 꽉 채우고 싶다. 어쩌면 내가 자연사를 할 때쯤에는 더 진보된 장례 문화가 등장할지도 모르겠다. 어떤 방식이든 간에 삶의 마지막은 소중했던 사람들과의 대화로 채우고 싶다. 언젠가 죽을 인생, 어떤 엔딩을 맞이하고 싶은지 한 번쯤 생각해보면 좋을 것 같다.

* 뉴스 원문 주소 : https://www.chosun.com/site/data/html_dir/2018/08/15/2018081500111.html

2장 대화

80년대생 14명의 인터뷰와 유서

    이 장에는 1980~1989년에 태어나고 자란 80년대생들 14명의 인터뷰와 손으로 쓴 유서를 담았습니다. 이 책에 실린 유서는 인생의 끝을 가정해보고 작성한 것으로, 죽음이 임박한 상황에서 쓰인 것이 아님을 밝힙니다.

    참여자는 지인, 지인의 지인, SNS 이웃 등 제 주변에 있는 사람들 중에서 삶과 죽음에 관해 이야기 나눠보고픈 사람들로 선정했습니다. 어떤 사람이든 자기 몫만큼 삶의 무게를 짊어지고 있다고 생각했습니다. 집단으로 뭉뚱그리지 않고 개개인의 삶을 자세히 들여다보면 평범한 사람은 한 명도 없다는 생각이 들었습니다. 어떤 삶이든 고난은 있는 법이니 인터뷰 대상은 누가 되었어도 상관이 없었을 것이라고 생각해봅니다.

죽음에 관해 이야기 나누기 위해서는 먼저 참여자들이 어떤 인생을 살아왔는지 물어야 했습니다. 다소 민감할 수 있는 정보가 있어 참여자들의 개인정보는 익명을 기반으로 하되 이해를 돕기 위한 최소한의 표기만 하였습니다.

인터뷰는 사전에 준비한 질문을 하고 참여자의 이야기를 들으면서 추가 질문하는 방식으로 한 명당 약 2시간 정도를 진행하였습니다. 인터뷰 후에는 원하는 장소에서 최소 3줄 이상 손으로 유서를 쓴 후 사진을 보내달라고 부탁했습니다. 가상으로 쓰는 것이지만 최대한 실제 유서를 쓰는 것과 비슷한 환경에서 쓸 수 있기를 바랐습니다.

원고를 취합한 후 인터뷰에서 인상 깊었던 내용을 꼽아 일러스트레이터와 이야기를 나누고 떠오르는 이미지를 그림으로 옮겼습니다. 인터뷰 앞 장의 그림은 그런 의미로 눈여겨 봐주시길 부탁드립니다. 인터뷰 시점은 2019년 가을로, 1년이 지난 지금은 참여자의 생각도 인생도 많이 달라졌을지 모르겠습니다. 살아오며 겪었던 경험과 생각을 기꺼이 나눠주신 참여자분들께 감사의 마음을 전합니다.

1

#프리랜서

#팟캐스트

#취향

#트렌드

#임신중

"

　우리 사회에서 우울증, 공황장애를 고백하면 낙오자로 여기잖아요. 우울감을 드러내면 부정적인 사람으로 여기잖아요. 근데 생각해보면 그냥 희로애락의 감정 중에 하나인 것이잖아요. 영화 <인사이드 아웃>에서 슬픔이가 있어야 기쁨이도 있는 것처럼 말이에요. 오히려 슬픔을 감추는 사람에게는 슬픔이 한 번에 몰아서 온다고 생각해요.

"

무슨 일을 하고 있어요?

프리랜서로 트렌드 분석이나 컨설팅과 관련된 일을 하고 있어요. 개인적으로는 이것저것 잡다한 것을 시도하는 데에도 돈을 버는 것만큼이나 많은 시간을 할애하고 있어요. 영감에 관해 이야기하는 팟캐스트와 소규모 살롱을 운영해봤고, 브런치에 꾸준히 글을 쓰고 있어요.

가장 최근에 했던 일은 뭐였나요?

패션 관련 마케팅 아이디어에 관련된 일이었어요. 지정된 브랜드가 내년 시즌에 어떤 마케팅을 해야 할 것인가에 대한 조사였어요. 경쟁사와 산업 트렌드 그리고 소비자 니즈를 조사해요. 거기에서 도출된 아이디어를 몇 가지 안으로 추려서 이 브랜드에 적용하는 게 어떨지 제시하는 형태예요.

요새는 뭐 할 때 즐거워요?

일상 안에서 뭐 하나를 특별하게 기다리는 순간이 있다거나 그렇지는 않아요. 원래는 카페에서 커피 마시는 시간을 소확행으로 여겼었는데... 그냥 기다려지는 시간이라기보다는 브런치에 글을 쓸 때 글 쓰는 시간이 좋아요. 독서는 완벽하게 내 쾌락이라고 생각하지는 않는데, 글 쓸 때는 힘들지만 쾌락적인 무언가를 느끼는 것 같아요. 내 감정을 털어 내는 도구가 되다 보니.... 글 쓰는 사람들이 일기를 허투루 보지 말라는 이야기를 많이 하는데, 매일매일 자기를 기록하고 확인하는 일이 생각보다 인생에 많은 도움이 되고 있어요. 그런 작업이 즐거움을 주는 것 같아요.

하루 중에 좋아하는 시간이 있다면요?

글 쓰는 시간이 좋고, 요새는 <캠핑클럽> 같은 TV 프로그램을 보면 마음이 편안해져서 그런 시간이 좋아요. 또 이사를 준비하고 있어서 새로운 공간을 어떻게 꾸밀지 생각하는 시간이 즐거운 것 같아요.

죽고 싶은 생각이 든 적은요?

죽고 싶다는 생각을 한 적은 단 한 번도 없는데, 죽음의 순간에 대해서는 꽤 생각해봤어요. 어릴 때, 10대, 20대 초반까지는 죽음에 대해서 생각할 시간이 없었어요. 나는 아직 어리고 살아갈 날이 많으니까 나와는 결부되지 않는 이야기라고 생각했던 것 같아요. 18~19살쯤 할아버지가 돌아가시면서 내가 아는 사람이 죽을 수도 있다는 것을 처음 경험했죠.

대학 졸업 후에 직장인이 되었는데, 20대 중반쯤 회사 다니는 게 너무 힘들어서 잠시 쉬게 되었어요. 그때 문득 이러다가 시간이 훅 가버려서 내가 당장 내일모레 80살이 되는 느낌이 들지 않을까 하는 생각이 들더라고요. 내 영혼은 10대 때나 20대 때나 똑같은데, 육체는 폭삭 늙어버린 느낌이 들지 않을까 해서요. 시간이 이렇게 빨리 흐른다면 눈 깜빡하면 서른,

마흔, 그러다 갑자기 할머니가 될 수 있겠다는 생각이 들었죠. 나이가 들어가는게 느껴지니까, 살날이 아쉬운 날이 오겠다는 생각이 들었어요. 그때 죽음에 관한 책을 사서 봤는데, 그때 이후로는 죽는 순간을 생각하면 너무 무섭고 두려워졌어요.

누구와도 같이 죽을 수 없잖아요. 영혼이라도 남편에게 의지할 수 있다면 죽음이 덜 무서울 것 같은데, 오로지 혼자 감당해야만 한다는 사실이 무섭더라고요. 서른 넘어서는 잘 때 눈을 감으면 그런 순간이 자꾸 떠오르기도 했어요. 잡념이 많은 성격이라서 그런 것 같기도 하지만요. 한 번에 잠들지 못하고 깔깔거리는 라디오나 아무 생각 없이 볼 수 있는 예능을 틀어놓고 자는 습관이 생기기도 했어요. 아무런 소리도 없는 암흑 속에서 자려고 하면 죽음이나 나이 들어가는 것, 인생에 대한 생각 같은 것을 하게 되거든요.

'곧 있으면 내일모레 80살이야' 같은 말을 자주 내뱉었었는데, 사실은 너무너무 살고 싶어서 그랬던 것 같아요. 반대로 드라마 같은 데 보면 뱀파이어나 도깨비처럼 막상 몇천 년의 삶을 주면 힘들어한다고 하잖아요. 그런데 저는 그럴 수 있다면 정말 좋겠다는 마음이 있어요. 죽음의 순간을 너무 두려워하고 죽음이 오지 않기를 바라는 것 같아요.

죽음이 무서워졌던 계기가 있었어요?

어느 순간 태어나지도 않았던 순간, 무(無)로 다시 돌아간다는 게 너무 두려워요. 죽은 후에 영혼이 살아 있어서 어디를 갈 수 있다든지 가족과 같이 있을 수 있다는 말들을 하지만, 죽어보지 않았기 때문에 추측만 할 뿐 진실을 알 수가 없잖아요.

임신하고 나서 죽음에 대해 생각해 본 적 있어요?

임신하고 보니 인생에서 큰 것을 생각할 만큼 체력이 받쳐주지 않아서 오히려 삶과 죽음에 대한 생각은 안 하게 돼요. 최근에 육아 책을 선물받아서 읽게 되었는데, 사실 저는 육아 책이 내 아이를 남들보다 똑똑하게 기르고 싶어서 보는 책이라고 생각했었거든요. 근데 그 책에 아이가 태어나기 전 시간부터 아이의 발달 과정이 설명되어 있었어요. 그 과정을 보다 보니까 하나의 인간이 생성돼서 태어나는 과정을 처음부터 되돌아보는 것 같은 느낌이 들었어요. 그걸 보면서 죽음 같은 걸 생각한다기보다는 내 인생도 처음으로 다시 돌아가서 아이와 다시 시작하는 기분이 들었어요. 모든 것을 다시 시작하는 기분이 들어요.

이 유서에 대한 이야기를 나누는 타이밍이 절묘하다는 생각이 들기도 하고요. 유서에도 인생을 처음부터 돌아봐야 하는 과정이 있는 것 같아서요. 죽는 순간에는 오로지 나에게만 집중하게 되잖아요. 원래 육아를 하게 되면 개인, 여자로서의 나를 잃어버리고 엄마로서의 역할만 남을 것 같아서 아이를 갖고 싶지 않았어요. 근데 아이를 갖고부터는 현실을 받아들이고 육아 책을 보다 보니 나도 아이와 같이 처음부터 다시 시작하는 거라고 생각하게 되었어요. 아이가 한 살 때 나도 엄마로서는 한 살, 같이 시작하는 기분이 들어요. 그래도 아직 잠들 때 한 번에 잠들지는 못하는데, 아이가 생기고 나서는 시작, 생명 같은 쪽에 집중을 하다 보니 죽음이나 부정적인 것에 대한 생각은 적어지는 것 같아요.

평소에 불안함을 많이 느끼는 상황이 있다면요?

겁이 많아서 비행기 타는 것을 무서워해요. 일 때문에 중국에 출장 갈 일이 많았는데, 중국 항공사 비행기를 타고 가던 중에 기상이 악화해 기체가 심하게 급하강하면서 흔들린 적이 있어요. 저는 너무 불안했는데 같이 간 사장님이나 다른 분들은 아무렇지 않게 책을 보시더라고요. 한번은 출장 중에 기상이 나빠져서 목적지로 못 가고 다른 지역으로 착륙한 적이 있어요. 공항에서 밥 먹고 기다렸다가 다른 비행기를 타고 목적지로 갔어요. 그 후로 비행기 탈 때마다 '이 비행기 괜찮겠지?' 하는 생각을 항상 해요. 그래서 신혼여행 때는 퍼시픽 항공을 골랐었는데, 무사고 순위 5위 안에 들어가는 것이 이유이기도 했었어요. 무슨 의미가 있을까 싶지만요.

만약 중병에 걸리게 된다면 어떨 것 같아요?

보통 사람들이 중병에 걸리면 깨끗하게 죽겠다고 말하잖아요. 근데 정말로 그 상황에 부닥치면 스스로 그렇게 선택할 수 있는 사람은 많지 않을 것 같아요. 지금 젊은 나이에는 80살까지만 살고 자식들한테 민폐 안 끼치고 깨끗하게 죽는 게 좋다고 생각은 하지만, 실제로 그 나이가 되면 그렇게 선택하기 힘들 거예요. '아, 이 순간이 나에게 왔구나' 하고 느끼게 될 것 같아요. 살 만큼 살다 늙어서 죽더라도 그 순간에는 여전히 아쉬울 거예요. 지나온 인생을 되돌릴 수 없으니 행복하게 죽을 수 있는 사람은 얼마 없을 거예요.

오늘 이 인터뷰에서 그냥 깨끗하게 죽을 거라고 말을 한다고 해도 막상 그 상황에 부닥치면 그게 거짓말이 될 것 같은 생각이 들어요. 그래서 정말로 식물인간 상태가 돼서 도저히 어떻게 할 수 없는 상황이 된다면 모를까, 어디 한 부분 불구가 된다고 하면 남편한테는 미안하지만 "날 거둬줘"라고 말하고 싶을 것 같아요. 너무 심한 상태가 된다면 차라리 죽고 싶다고 생각할지도 모르겠지만요.

유서 써본 적 있어요? 쓴다면 어떻게 쓰고 싶어요?

아직 써본 적은 없어요. 쓰는 건 그냥 카페에서도 쓸 수 있을 것 같은데, 장소보다는 어떤 내용을 쓸지가 더 고민되는 것 같아요. 편지지에든 A4 용지에든 자필로 써야 할 것 같아요. 저는 사실은 자살하지 않는 사람들의 유서라면 오히려 유서마저도 살고자 하는 의지를 표현하는 게 아닌가 싶어요. 이걸 쓰고 자살할 게 아니라면 완벽하게 진실일 수는 없다고 생각해요. 오히려 유서를 쓰는 사람들은 진짜로 잘 살고 싶다고 생각하는 것 아닌가 싶어요. 차라리 죽는 게 낫다고 여기고 죽음을 택하는 사람들을 완벽하게 바닥을 쳐보지 않은 일반 사람들이 이해하기는 어려운 것 같아요. 힘든 게 목 아래까지만 차 있어도 살아지는데, 한강에서 뛰어내린다거나 자기 차에 불을 낸다거나 하는 사람들은 더 견딜 수 없는 게 목 위로 넘쳐버린 사람들이라고 생각하거든요. 순간의 선택일 수도 있지만, 정말로 자살하는 사람들의 유서는 결이 다를 것 같아요.

제가 유서를 쓰게 된다면 '내일 죽게 된다면'이라는 가정보다는 '내일 지구가 멸망한다거나 해서 어쩔 수 없이 죽어야 하는 상황에 놓인다면'에 더 가까운 것 같아요. 하루밖에 안 남은 이 삶과 내가 그동안 못 했던 것들에 대해 아쉬움이 가득한 상태일 거예요. 그런 마음으로 쓰는 유서가 아닐까 생각해봐요. 살고자 하는 사람들의 유서, 이런 게 아닐까 생각이 들어요.

죽기 전 하루는 어떻게 보내고 싶어요?
저는 혼자 있는 시간에 평온을 느끼는 경우가 많아요. 글도 혼자 쓰고, 책을 읽든 뭘 즐기든… 미술관도 가장 좋은 경험은 항상 혼자 할 때였던 것 같거든요. 온전히 혼자 느끼는 시간을 정말 좋아하지만, 인생이 하루가 남았다면 가족을 찾을 수밖에 없을 것 같아요. 남편이랑 손 붙잡고 끌어안고 잘해주지 못해서 미안하다고 말하고, 엄마 얼굴도 보러 갈 거예요.

평소에는 색다른 경험을 많이 하고 싶어 했어도 마지막 순간에는 그런 게 다 필요 없어질 것 같아요. 웃으면서 뭔가 못 해봤던 것을 한바탕하고 싶은 대담한 스타일이 아니어서 그런지, 남편 부둥켜안고 울면서 "어떡해 나 너무 무서워"라고 고백을 하지 않을까 싶어요. 멋있게 안부를 전하고 못 마셨던 커피 한 잔을 마신다든지 하는 여유는 못 부릴 것 같아요. 어디를 가는 것도 의미가 없을 것 같고, 집에서 시간을 보낼 것 같아요.

다음 생이 있다면 또 인간으로 태어나서 살아보고 싶어요?

저는 살아보고 싶어요. 저는 인간이 좋은 것 같아요. 생명을 잉태 중이라 삶의 욕구가 강한 건지는 잘 모르겠지만, 백 년을 다 못 살고 죽는데 이렇게 아등바등하고 치이면서 살아가야 한다는 것이 슬프고 아까워요. 그렇게 따지면 20~30대가 제일 슬픈 것 같아요. 삶 전체에 대한 영향력은 너무 큰데 너무 빨리 지나가니까요. 그래서 할 수만 있다면 지금 깨달은 걸 아는 채로 다시 태어나서 더 잘 살고 싶어요. 더 괜찮은 내가 되고 싶은 욕구가 있어요. 어릴 때는 깨닫지 못했어요. 남들 눈치만 보면서 살 필요 없다는 것, 아등바등 살 필요 없다는 것, 이런 것을 나이가 들어서 깨달았거든요. 그냥 좀 편하게 나답게 살았으면 더 좋았을 텐데 하는 아쉬움이 항상 있어요.

20~30대에 했던 선택 중 후회됐던 게 있다면요?

조급함에 너무 빨리 꿈을 정했던 걸 후회해요. 중2 때부터 저는 디자이너가 되고 싶었거든. 친구들이 문과, 이과 고민할 때 저는 고민을 많이 안 했어요. 무조건 '내 꿈은 디자이너야'라고 했는데 제가 디자이너의 삶을 잘 알고 디자이너의 세계를 열심히 공부해서가 아니라, 내 꿈이 확고한 상태가 좋았었던 것 같아요. 남들이 주저할 때 나는 확실한 꿈이 있다는 게 스스로 뿌듯했던 거 같아요. 지금 와서 생각해보면 정작 내 적성이나 성향을 돌아보지 못했어요. 직업이 꿈이라고 포장하지만 사실 직업이 뭐 해 먹고살고 싶냐는 거잖아요. 그리고 사실 사회에 나오면 그 일의 특성보다도 어떤 조직에 소속되어 그 일을 수행하느냐가 더 중요하잖아요. 디자이너도 어디에 소속되어 디자인하느냐에 따라 업무가 많이 달라지듯이요.

패션 디자이너가 주로 일하는 환경의 특성을 모르는 상태에서 꿈을 확고하게 정해버리고 취업까지 망설임 없이 했거든요. 그때 한 번이라도 다른 공부를 할 수 있다고도 생각했더라면, 내가 어떤 성향의 사람인지 돌아보는 시간을 가졌다면 좋지 않았을까. 그게 가장 아쉬운 거 같아요.

본격적으로 그런 고민을 하게 된 시기가 언제예요?

서른이 넘어서야 저에 대해 알게 된 거 같아요. 원래 기질이 내성적이고 남들보다 느린 부분도 분명히 있어요. 사회에 나가면 일단 느리다는 것은 용납이 안 되죠. 내가 능력을 길러서 사회에 적응하는 게 아니라 사회에서 원하지 않는 나의 모습은 한쪽에 꾸겨서 처박아 놓고, 빠릿빠릿하고 말 잘 듣고 싹싹하고 사교성 좋은 사람을 가짜로 하나 갖다 놓고 사는 거예요. 그러다 보니까 정작 내 모습은 하나도 없어지죠.

상사로부터 착한 건 일 잘하는 게 아니라 무능한 거라는 말을 들은 적도 있고요. 설령 제가 잘못한 거라도 잘못했다고 말하지 말라고, 저쪽 팀이 잘못한 게 없어도 저쪽 팀한테 잘못을 물으라고 하는 이야기를 들으면서 회사생활을 했죠. 메일에 절대 증거 남기지 말고 말싸움에서도 지지 말아라. 이런 말들이 저를 조금씩 다치게 하고 있었던 것을 몰랐던 것 같아요. 그냥 내가 이 사회에 잘 적응해서 능력 있는 사람이 되면 좋은 줄 알았는데, 서른이 넘으니 내가 어떤 사람인지 찾는 게 오래 걸리더라고요. 너무 오래 뜯기고 찢어져버려서 다시 조각을 맞추는 게 너무 힘이 드는 거예요. 만약 어렸을 때 이 퍼즐을 맞췄다면 어린애들이 외국어든 뭐든 금방 배우는 것처럼 대충 맞춰도 맞춰졌을 것 같아요. 근데 내 감정도 엉켜 있고, 다치고 아팠던 기억에 때론 이기적이기도 비양심적이기도 한 나의 모습이 막 엉켜 있으니까 이걸 푸는 데 감정이 너무 많이 소모돼요. 요새 어른들은 내적으로는 뒤늦게 어른이 될 수밖에 없는 것이 아닌가 하는 생각이 많이 들어요.

나는 창의적인 걸 하고 싶어서 회사에 들어갔는데, 정작 회사에서 내가 하는 일은 생산 진행자라는 느낌을 많이 받았어요. 오히려 트렌드로 선회를 하고서는 무형의 것이지만 트렌드를 파악하고 분석해서 새로운 걸 제안하는 그런 일이 제 적성에 맞았어요. 어렸을 때는 분석하는 게 창의성이라고는 절대 생각하지 않잖아요. 디자이너면 그 직업 자체가 무엇을 만들어내는 사람인 것 같잖아요. 그래서 그걸 너무 단순하게 생각했던 게 아쉬워요.

브랜드의 디자이너로 살아가려면 무슨 일이든 빠릿빠릿하게 잘 해내야 해요. 무엇보다 일의 진행 능력과 조율하는 능력이 정말 필요한 것 같아요. 나한테 맞는 창의성이 무엇인지 깨닫는 데 오랜 시간이 걸렸어요. 물론 이쪽 조직이나 업계의 특성에 환멸을 느낄 때도 종종 있지만요. 저를 찾아가는 길을 계속 걷고 있는데, 남들이 봤을 때는 직업을 계속 바꾸는 사람으로 보일 수도 있을 것 같아요. 근데 저로서는 10대 때 고민의 시간이 부족했기 때문에 지금 할 수밖에 없는 것 같아요. 이제야 나 자신을 조금 알게 되어서, 나의 색을 진하게 내보고 싶어요. 돈 벌어 잘 사는 것만으로는 만족감이 안 드는 것 같아요.

특히 어떤 부분에서 환멸을 많이 느꼈어요?

세계는 이전에 없던 직업이 계속 생기고 그런 직업을 중심으로 돌아가고 있어요. 그런데 우리 사회는 성과주의 사회고 일률적인 틀을 만들어내는 사회이다 보니까 과연 창의적인 것을 할 수 있을까 모르겠어요. 대기업 모집 요강을 보면 논란이 되는 게, 인턴을 뽑는데도 다양한 경험을 한 사람을 원하는데, 요새는 경험도 다 돈이잖아요. 돈이 많은 집 자식들은 어릴 때부터 해외여행이며 연수며 얼마나 많은 고급 경험을 쌓았겠어요. 심지어 스타트업 아이디어 공모전을 해도 스타트업에 엄청난 경험과 스펙을 요구해요. 아직도 연줄과 인맥이 강하게 자리 잡고 있다는 생각이 들어요.

얼마 전에 SBS 스페셜 <난독시대>를 봤는데, 독서 학원 선생님이 나와서 하는 말이, 부모들이 독서량이 성적의 효과로 직관적으로 나타나길 원한다고 해요. 감각 놀이를 많이 해도 당장 예술가가 될 수 있는 게 아닌 것처럼, 역사책을 하나 더 본다고 해서 성적이 바로 향상되지는 않는 것인데 독서에서 이런 성과를 원한다는 게 숨 막히고 이상한 세상인 것 같아요. 천재를 우리나라 회사의 책상에 앉혀놓고 혁신을 이루라고 하면 과연 할 수 있을까요? 부모가 자식에게, 조직이 조직원에게 당장 눈에 보이는 성과를 원하고 있다는 생각이 들어요. 그리고 사회가 어떤 단어들에 긍정성을 강제로 부여한다는 생각이 들어요. 매번 발전한다거나, 희망을 품는다거나, '그런데도 이겨낸다'는 거에 너무 긍정적인 의미를 부여하고 마치 긍정적인 감정만이 올바른 것처럼 몰아가는 것이 불편해요. 그래서 우울한 사람들이 감정을 드러내지 못하고, 우울을 떨쳐내기도 더 힘든 거 같아요.

우리 사회에서는 우울증, 공황장애를 고백하면 낙오자로 여기잖아요. 우울감을 드러내면 부정적인 사람으로 여기잖아요. 근데 생각해보면 그냥 희로애락의 감정 중에 하나인 것이잖아요. 영화 <인사이드 아웃>에서 슬픔이가 있어야 기쁨이도 있는 것처럼 말이에요. 오히려 슬픔을 감추는 사람에게는 한 번에 슬픔이 몰아서 온다고 생각해요. 사실 제가 감정을 안 참는 편이라 남편이 고생하기는 해요. (웃음) 오히려 제가 신혼 때부터 남편에게는 화가 났으면 참지 말라고 말했어요. 싸우게 되더라도 감정을 마음 한구석에 묵혀 두지 않는 사람이 되고 싶어요.

남기는 글.

나는 언제나 삶에 대해 고민도 많고 미련도 많은 사람이었다.
이건 내가 막상 삶을 놓아야 하는 순간이 되니 세상에 어떤
말을 남겨야 할지 모르겠다.

지난 날들을 돌이켜보면 아쉬움 투성이인 것으로 같기도 하고,
정작 그 동안 쥐고 있었던 것들은 아무것도 아닌 것 같기도 하다.
그저 가는 시간을 아까워하며 어떻게든 나답게 잘 살아보려고
했었는데, 그 다짐이 무색하게 현실에 집착하여 이기적인
마음으로 헛된 욕심을 부리며 살아온 건 아닌지 모르겠다.

이렇게 짧고 허무하게 끝나버릴 죽음을 앞에 두고 왜 그렇게
마음 졸이며 아등바등 살았을까. 이제와서 후회해도 소용없겠지요..

세상에 태어나서 잠시나마 살아갈 수 있어서 감사했고
행복했고 다행이었다고 말하고 싶다.

남기고 가는 친구들과 동료들에게는 죄송한 마음 뿐이었습니다.
그리 좋은 사람이 아니었는데도 곁에 있어주셔서 감사했습니다.
언젠가 저도 모르게 마음에 상처를 준 적이 있었다면, 꼭 미안하다고
사과하고 싶네요.

부모님께

엄마. 아빠. 힘들게 낳아서 키워줘왔는데, 먼저 이런 인사를 하게 되어 죄송해요. 좋은 딸이 되고 싶었는데, 그러지 못했던 것도 죄송하구요.

늘 짜증으로 부리고 못된 일도 서슴없이 했던 기억으로 내네요.

고생하며 쓰셔면서도 부족함없이 키우려고 애쓰셨던 거 다 알고 있어요.

제 마지막 부탁은 편안하고 건강하게 오래오래 살아주시길 바래요.

남은 시간을 곁에 있어드리지 못해서 죄송해요.

한번도 제대로 말한 적 없지요, 늘 사랑하고 존경합니다.

엄마, 아빠가 있어서 지금까지 잘 살 수 있었어요.

저의 버팀목이 되어 주셔서 감사했습니다.

남편에게.

여보, 당신은 내가 내 속마음을 전부 내보인 유일한 사람이다.
그만큼 내 이기적인 확신도 쳇부도 모든 걸 다 알고 있는 사람이지.
그럼에도 변함없이 항상 그 자리에서 내 편이 되어 사랑해줘서
정말 고마워.

당신에게는 항상 받기만 했고 바라기만 했던 것 같아.
더 사랑해주고 잘해주지 못해서 미안해. 당신에게 더 주지
못했다는 게 그 어떤 것 보다 후회되어.

당신을 만나 함께 살 수 있어서 너무 행복했고 많은 것들을
공유할 수 있어서 기뻤어. 진심으로 당신은 내게 과분할정도로
좋은 사람이었다고 생각해. 이제 당신 곁에 있을 수 없다는게
가장 슬퍼.

마음에 묻어 두어도 좋으니, 나를 완전히 기억에서 지우진 않아줘.
아주 가끔이라도 좋으니 내 생각 해줬으면 좋겠어.

우리 아이는 내가 부탁하지 않아도 당신이 나한테 주었던
사랑만큼 많이 아껴주고 잘 보살펴 줄거라 믿어.

사랑하고 이만하고 고마웠어.

아가야, 얼굴도 보지 못했지요 엄마가 마음으로 널 많이 아꼈단다.
함께 있어주지 못해서 미안해.
씩씩하고 건강하게 그리고 너답게 살아주렴.

사랑한다.

2

#의사

#기획자

#N잡러

"

　자기 이야기를 하면 바로 약점이 되어 돌아오는 세상이잖아요. 자기 자신을 이야기해도 그대로 받아들여주는 공동체가 있다면 생각보다 세상은 살 만할 수 있다는 생각이 들어요.

"

무슨 일을 하고 있어요?

원래는 안과 전문의였는데 지금은 일주일에 한 번 정도는 진료하고, 나머지 날에는 여러 개의 회사를 돌아가며 일을 하고 있어요. 하루는 이모티콘 회사의 경영지원팀에서 일하고 있고, 이틀은 또 다른 스타트업에서 애널리스트 비슷한 일을 하고 있어요. 투자에 대한 평가도 하고 회사에서 만든 시스템 평가도 하는 일이에요. 남은 이틀은 어딘가에 기고하기도 하고 스타트업 관련 종사자분들을 만나서 새로운 비즈니스 모델을 만드는 것으로 시간을 채우고 있어요.

한 가지 일을 할 때보다 일의 만족도가 높나요?

훨씬 높아요. 예전에 의사 할 때에는 시간이 내 것이라는 생각이 안 들었어요. 의사가 여러 종류가 있는데요, 대학병원 특정 과의 수련의, 군의관, 병원에 소속되어 월급을 받으며 일하는 페이닥터, 개업의까지 네 종류가 있는데 저는 그중에 수련의와 군의관을 경험해봤어요. 수련의 때는 스케줄이 아주 불규칙했는데 제일 힘들었을 때는 아침 5시에 시작해서 새벽 2시까지 일한 적도 있어요. 연차가 늘어나면서 여유 시간이 늘어나긴 하지만 제 시간이 확보가 안 되는 점이 너무 힘들었어요. 지금은 제가 시간을 쓸 수 있어서 좋긴 하지만 확실히 개업한 의사나 월급쟁이 의사들에 비하면 수입이 압도적으로 적긴 해요.

선택하고 나서 후회한 적은 없어요?

그 삶이 어떤지를 아니까 지금까지 후회한 적은 없어요. 어느 정도냐면, 성장한다는 느낌이 들지 않았어요. 대학병원에 있으면 새로운 질환 공부도 하고 연구도 하면서 논문도 쓰니까 그나마 성장하는 느낌을 받을 수 있는데, 의사로 일을 시작하면 새로운 걸 맞이할 일이 많지 않아요. 늘 같은 증상의 환자를 보고, 같은 식으로 치료를 하고, 아니면 돈을 더 벌 수 있는 치료를 배운다든지 하는 수준이거든요. 저 같은 경우에는 하루에 한 80명 정도의 환자를 봤는데, 80명에게 거의 똑같은 일을 반복하게 되거든요. 똑같은 질문에 똑같은 대답을 하고 처방도 거의 똑같아요. 그런 일을 평생 해야 한다니 아득한 생각이 들었어요.

쉬는 날에는 어떻게 지내요?

사람을 만나지 않을 때는 멍을 때려보려고 노력해요. 근데 자극이 너무 많은 세상이다 보니 잘 안돼요. 그럴 땐 주로 걸어요. 지하철보다는 풍경이 보이는 버스를 타려고 노력하고 핸드폰도 덜 하려고 해요. 주말 아침엔 3시간 정도 태극권을 배우는데 유일하게 핸드폰과 단절되는 시간이에요. 일상에서 3시간 이상 핸드폰과 떨어져 있기 힘들잖아요. 사람들이 이제는 각종 디지털 기기로부터 단절되는 경험을 간절하게 원하게 될 거라고 생각해요. 제가 그랬으니까요.

살면서 죽고 싶다고 생각한 적 있어요?

고등학교 때랑 입대 직전 전공의 때 했었어요. 공부 때문에 힘들지는 않았는데, 이 공부를 해서 내가 하고 싶은 걸 하러 간다는 느낌이 없어서 힘들었어요. 저는 사실 고등학교 때 프로이트에 빠져 있어서 심리 관련한 공부를 해보고 싶었어요. 그런데 우연한 계기로 경시대회에서 점수가 잘 나오는 바람에 이과를 선택하게 되었어요. 나름대로 재미가 있기는 했는데, 평생 해보고 싶은 일이라는 생각은 안 들었어요.

제일 힘들었던 건 부모님과의 갈등이었어요. 제가 고등학교 때 집 사정이 어려워지면서 제가 유일한 희망이 되어버렸었거든요. 부모님은 제가 의사가 되기를 원했어요. 사실 의사라는 직업은 고등학교 때는 상상만 할 뿐 실제로 뭘 하는지 알 수 없는 분야거든요. 실제로 의사가 어떤 하루를 사는지도 몰랐으니까요. 막연하게 의대를 가면 내 마음대로 살 수 있겠지 하는 생각을 했을 뿐이에요. 당시엔 제가 의대에 안 가면 우리 집이 망할 것 같은 느낌이 들었어요. 나만 잘하면 우리 집이 잘 유지될 수 있다는 생각을 어렴풋이 했던 것 같아요. 하고 싶지 않은 마음이 드는데 부모님이 요구하는 목표가 너무 높으니까 스트레스를 많이 받았었어요. 가끔 시험을 망치면 부모님 잔소리를 듣지 않기 위해 제가 먼저 난리를 친 적도 있어요. 제가 성인이 되어서 결혼을 준비하는 과정에서도 부모님이 많이 개입

하려고 하셔서 선을 긋기 시작한 것 같아요. 부모님의 바람이 너무 크다 보니까 제가 죽겠다는 생각이 들어서 이렇게 사는 게 의미 있는 건가 생각을 한 적도 있었어요.

실제로 죽음을 생각해볼 만한 경험을 한 적도 있나요?

군의관 1년 차에 막 살아야겠다, 나를 파괴해야겠다는 생각이 들었어요. 부모님께 내가 망가질 수 있다는 걸 보여주고 싶었어요. 술을 못 마셔서 유흥을 하지는 않았지만, 미래를 대비하는 그 어떤 것도 하지 않았어요. 그러다가 자전거 사고가 나서 팔이 부러졌어요. 아마 뒤에 차가 오고 있었으면 죽었을 것 같아요. 그때 '아, 내가 언제든 죽을 수 있겠다' 하는 생각이 들었어요. 이렇게 죽어서는 안 되겠다는 생각이 들었어요.

또 한 가지 경험은 응급실에서 근무할 때 환자로부터 협박을 당했던 일이에요. 캄보디아 출신의 18살 아내가 남편에게 맞아서 위독한 상태로 실려 왔어요. 얼굴과 두부의 뼈가 다 부러지고 뇌출혈이 있는 상태였는데 남편이 처음에 눈만 봐달라고 하는 거예요. 처음에 보자마자 감이 안 좋아서 MRI 찍으려고 했는데 남편이 때려서 죽여버리겠다면서 협박을 했어요. 억지로 검사를 하고 입원을 시켰어야 했는데 결국 입원을 안 하고 돌아간 뒤에 경찰이 조사하러 오고 난리가 났어요. 그때 4시간 동안 죽여버리겠다는 협박을 당했어요.

**예를 들어 암 4기 판정을 받는다든지 위중한 병에 걸렸을때
어떤 선택을 할 것 같아요?**

저는 그냥 살다가 갈 생각을 하고 있었어요. 신약이 있다면 써볼 수 있겠지만 치료를 받는 게 삶의 질을 떨어뜨린다면 받고 싶지 않아요. 제가 내과 전공의는 아니지만 신약 치료를 받으면서 고통받는 사람들을 많이 봤거든요. 부작용이 없는 약은 없으니까요. 치료를 받아도 언제 재발할까 불안에 떨며 살아요. 그리고 재발하면 마음이 꺾여버려서 더 힘들어하더라고요. 게다가 치료하는 게 그냥 살다가 죽는 것보다 훨씬 비싸서 오히려 남아 있는 사람들에게 민폐가 돼요. 그래서 암 치료보다는 오히려 어떤 상황에서 연명치료를 포기할지 생각해보게 돼요. 예를 들면 저는 치매에 걸리면 연명치료를 포기하고 싶어요. 제 몸을 제대로 못 가누고 누군가 기저귀를 갈아줘야 한다든지 하는 상황이 오면 살아가는 게 의미가 없을 것 같아요.

**의사의 입장에서 죽음에 관해 질문한다면
어떤 질문을 하고 싶어요?**

가령 치매에 걸리면 시간, 장소, 사람 순으로 기억을 잃어버린다고 해요. 무엇을 잃어버릴 때 죽는 것과 다름없을까 생각해보게 돼요. 시간만 잃어버려도 죽음을 선택할 수 있을까. 집을 못 찾기 시작하면 죽음을 선택할까? 이런 것에 대해서 생각해보면 좋을 것 같아요.

만약에 오늘이 마지막 날이라면
오늘 하루는 어떻게 보내고 싶은가요?

최근에 넷플릭스에서 본 것 같은데, 다음 날 지구가 소멸할 예정인데 남은 24시간을 어떻게 사는가에 대한 내용이었어요. 만약에 24시간밖에 남지 않았다면 가능하면 평소랑 똑같이 살고 싶어요. 아무 일도 없는 것처럼요. 괜히 뭔가 특별한 걸 한다거나 하는 것도 이상하고, 떠오르는 것도 없어요. 평소랑 똑같이 살다가 마지막을 맞이하는 순간에 소중한 사람과 함께 있다면 좋을 것 같아요.

최근에 아내분이 임신을 하셨다고 하셨는데,
새로운 생명이 자라나는 시점에 어떤 생각이 드나요?

저는 원래 결혼 생각도 없었고 아이를 가질 생각도 없었는데 아내를 만나면서 생각이 많이 바뀌었어요. 사실 저는 한 사람을 책임지는 것은 너무 버겁고 제가 할 수 없는 일이라고 생각했었거든요. 저 자신도 못 가누는데 어떻게 한 생명을 보살필 수 있는가 하고 늘 생각하고 있었고요. 절 닮은 자식이 있다는 것은 상상하고 싶지도 않았어요. 나 같은 놈이 내 자식이 된다면 너무나 뻔할 것 같아서 싫었어요. 그런데 아내의 영향으로 종교를 가지면서 여러 가지 생각을 하게 되었어요. '나는 나 자신으로도 괜찮다'는 걸 여러 번의 교육을 통해 배웠어요.

정확히는 종교와 종교활동에서 만난 사람들을 통해 저 자신을 인정하고 받아들이게 되었어요. 물론 그분들이 절 먹여 살리지도 않고, 제 고민을 해결해주지도 않지만, 그저 공감해주는 것 하나만으로도 생각보다 살 만하다는 걸 깨닫게 됐어요. 자기 이야기를 하면 바로 약점이 되어 돌아오는 세상이잖아요. 자기 자신을 이야기해도 그대로 받아들여주는 공동체가 있다면 생각보다 세상은 살 만할 수 있다는 생각이 들어요. 제 생각에는 종교 이외에는 자기 자신을 곧이곧대로 받아들여 주는 조직이 사실상 없어요. 물론 변질한 종교도 많지만요.

그 후로는 자식을 가져봐도 괜찮겠다고 생각하게 되었어요. 확실히 아내와 살면서 삶에 풍부함이 더해졌어요. 한 사람과 인생을 같이하는 건 다른 차원의 이야기고, 자식이 생겨서 책임을 져야 한다는 것은 또 다른 차원의 이야기겠죠. 자식을 낳아서 길러보면 세상을 보는 눈이 달라질 것 같다는 생각이 들어요.

20대 때 했던 선택 중에 바꾸고 싶은 게 있다면요?
의대에 갔던 것은 번복하지 못할 것 같아요. 그때 당시에는 사회에 대해서 잘 몰랐으니까 어떠한 대안도 없었거든요. 만약에 지금의 느낌으로 선택할 수 있다고 하면 휴학을 해보고 싶어요. 그때는 스타트업이라는 게 뭔지도 몰랐지만 그런 조직을 경험해봤으면 좋았을 것 같아요. 초기의 카카오 같은 조직에서 일해보거나 해외에 나갔다 왔을 것 같아요. 그리고 다른 동아리를 들어봤을 것 같고, 프로그래밍을 계속 배웠으면 좋았을 것 같아요. 초등학교 때 프로그래밍을 배워서 간단한 게임을 만들었었는데, 그걸 쭉 이어나갔으면 좋았을걸 하는 생각이 들어요.

80년대생 하면 떠오르는 게 있나요?

아날로그와 디지털 사이에 낀 세대 같아요. PC의 등장과 모바일의 등장을 모두 경험한 세대이니까요. 지금은 컴퓨터가 없는 학교가 없잖아요. 제가 중학교 때 학교에 컴퓨터가 들어오면서 윈도우도 같이 들어왔거든요. 그런 걸 성장기에 경험했기에 손글씨와 같은 아날로그에 대한 로망이 있는 세대라고 생각해요.

유서를 써본 적 있나요?

간단하게 한 문단으로 써본 적 있어요. 아무도 안 본다는 전제하에 자주 쓰는 수첩에 적었던 것 같아요. 고등학교 때 처음으로 썼던 것 같고, 간헐적으로 구글 독스 같은 메모하는 곳에 남겨놨던 것 같아요. 죽고 싶다는 생각이 들 때보다는 죽을 것 같다는 생각이 들 때 적을 것 같아요. 내가 살고자 하는 마음은 있는데 어쩔 수 없이 죽어가고 있을 때, 현실에 대한 미련이 있을 때 유서를 쓸 것 같아요. 미래는 없지만 미련은 있는 상태일 때라고나 할까요. 삶에 미련이 아예 없는 사람은 유서도 필요가 없거든요. 남아 있는 사람을 신경 쓴다는 게 미련이 있다는 뜻이죠. 삶에 대한 미련은 없지만 세상에 대한 미련이 있을 때 쓰는 것 같아요.

만약 이번에 유서를 쓴다면 어느 장소에서 쓰고 싶은가요?

죽어가는 도시에서 써보고 싶어요. 저는 말년에 교토에서 죽지 않을까 하는 막연한 생각을 해보곤 해요. 교토가 죽어가는 도시라는 뜻은 아니지만, 떠들썩하지 않고 고요한 분위기가 죽어 있는 상태와 비슷하다고 느꼈어요. 교토는 마치 코끼리가 무리에서 떠나서 죽음을 준비하는 것 같은 그런 상황이 어울리는 곳 같아요.

이대로 죽어도 여한이 없다는 생각이 들었던 때도 있었나요?

유일하게 이런 감각이 들었던 때가 노래 하나에 빠져 있을 때였다고 생각해요. 인생의 중요한 고비에 들었던 노래들이 있거든요. 그중에 콜드플레이의 'O'가 떠올라요. 아마 2천 번 정도 들었을 거예요. 가끔 그 노래를 듣고 있다 보면 죽어도 괜찮겠다는 생각이 들어요.

다음 생이 있다면 어떤 모습으로 살고 싶어요?

　지금 사는 사회처럼 자기가 다 개척해 나가면서 자기중심적으로 살아야 하는 것 말고, 개미 같은 공동체라면 다시 태어나보고 싶어요. 개미는 누가 시키지 않아도 일개미는 일개미로 살아가듯 각자 정해진 일이 있고 집단의 의지로 살아가요. 혹은 춘추전국시대처럼 자기가 주장하는 대로 살아볼 수 있는 시대라면 살아보고 싶어요. 지금은 과학과 종교가 절대 진리이고 법도 다 정의되어서 거기에 어긋나면 틀린 거거든요. 진리라고 여겨지는 것들을 부정해보고 싶고, 정답을 부숴보고 싶은 생각이 있어요.

흰 면은 오랫동안 바라선왔다.
이제 내일이 없는 내가 이야기를 남긴다.

기쁜 일보다 엉뚱한 일이
웃는 일보다 서글픈 일이
곁에 길보다 가지 않은 길이
더 멀리 떠오른다.

더 빨리 지탑과 같이 살았으면 좋았을 걸,
똑같은 모습을 할 수 없다면 내가 하고 싶은 일을 해볼 걸
내가 알고 싶은 일을 공부해본 걸
더 인간적으로 모든 사람들을 대해 본 걸

이제서야 삶의 즐거움을 알기 시작했는데
이렇게 마무리가 되려나 잘 아쉽하기도 하다.
삶에 맛이 더해지는 순간을 기대했는데, 나의 맛은 여기까지구나.
나의 삶에서 오늘이 나의 의미가 담긴 선명을 얼마나 될까 생각하니,
남은 이에게 해주고 싶은 많은 선명하다.

나의 삶의 마지막을 함께 해주어 고마워.
우연에서 출발한 우리의 인연을 포기하지 않고 지켜주어 고마워.
나의 선명을 편견없이 들어주어 고마워.
모든 것이 처음인 나의 돛내기 같은 선명들을 얼마나 공병해주어 고마워
나와 인생을 함께 하기로 한 것도,
그리고 우리 사랑의 열심인 리본을 둘러준 것도 고마워.
덕분에 다른 세상에 눈을 뜨고
삶의 마지막을 진정으로 행복하게 보낼 수 있었어.

리본아

엄마의 부른 배를 보는 지금도 난 내가 아빠가 될 것이라는 것을
상상할 수가 없네.
본래라면 품에 안고, 먹이고, 씻기고, 재우고, 떼떼게 했으면 좋겠다
라고 너에게 나직히 중얼거릴 그 날이 왔었겠지만,
너의 얼굴을 조금따라 만들어진 흑백사진으로만 보고 먼저 떠나는구나.

아빠처럼 다른 삶을 살 수 있길 기도할게.
무엇이든 시도해보고, 부딪혀보고 당면해길
섣부르게 옳고 그름을 가르지 말길.
더디 하내길.

너의 삶이 스스로 한 선택으로 가득하고
그 선택들이 남긴 경험으로 풍성하길 바랄게.
아빠를 너무 닮지 않길 바랄게
그리고 네가 세상에 나오기도 전부터
너를 사랑한 사람이 한 명 더 있었다는 걸
기억해 주렴.
사랑해.

3

#성악

#NGO근무

#과외선생님

#난치병판정

"

난치병 판정을 받은 후로는 남들의 인정은 중요하
지 않았고, 당장 오늘 행복한 게 가장 중요했어요.
그제서야 내가 좋아하는 건 뭔지, 나는 뭘 할 때 행
복한지 계속 찾았어요.

"

10~20대 때는 뭐에 관심 있었어요?

저희 엄마가 성악을 해서, 저도 자연스럽게 중학교 때부터 성악을 했어요. 고등학교 때는 공부만 하다가 다시 성악을 시작했는데, 어머니가 '성악으로는 네가 바라는 대학은 못 갈 것 같다'고 말씀해주셨어요. 어머니가 입시생을 가르치고 계셔서 잘 아셨거든요. 마침 학교 선생님도 공부로 더 좋은 대학을 갈 수 있을 것 같다고 말해주셔서 성악을 포기했어요. 당시의 저는 하고 싶은 게 있다기보다는 좋은 대학교에 가고 싶었나 봐요.

대학교 때는 뭘 했어요?

중문과에 들어가서 2학년 때 한 학기 동안 북경으로 교환학생을 가게 되었어요. 근데 유학 가서 몸이 안 좋아지더니 혈변을 보기 시작했어요. 한국으로 돌아와서 병원에 갔는데 '궤양성 대장염'이라는 난치병 판정을 받았어요. 그때가 21살이었어요.

의사 선생님이 저한테 말씀하시길 이 병은 난치병이고, 평생 약을 먹어야 한다고 하셨어요. 지금 생각해보면 죽는 병은 아니거든요. 약 잘 먹고 스트레스 관리 잘하면 되는 병이에요. 최악의 경우에는 대장을 떼어버리고 인공 대장을 달면 되고요. 근데 당시에 의사 선생님이 "이 병은 절대 스트레스를 받으면 안 되고, 이제는 절대로 남들과 똑같이 살 거라고 생각해서도 안 되고, 절대 스트레스 받는 회사에 취직할 생각도 하지 말고, 해외에 갈 생각도 하지 말아라. 생활이 더 바뀌면 안 좋아질 수도 있다."라고 강하게 말씀하셨어요. 21살에 이제 막 진로를 고민하던 시기에 그런 이야기를 들으니까 너무 충격적이었어요.

그리고 이 병이 제가 몸 관리를 안 해서 생겼다기보다는 유전적인 요인이 컸던 거였어요. 제가 진단받은 후에 아버지가 50이 넘으셔서 똑같은 진단을 받으셨거든요. 알고 보니 할아버지 가족들이 다 대장이 안 좋았었어요. 제가 형제가 삼 남매인데 저한테만 이 병이 왔어요. 내가 고기를 많이 먹거나 그런 것도 아닌데 왜 하필 나한테 이런 일이 일어났을까 싶어서 너무 억울했어요.

의사 선생님이 동네에 공부방을 차려서 애들 가르치면서 살라고 조언까지 해주셨어요. 너무나 단호한 진단에 부모님이 화가 나실 정도였는데, 그분은 확고하게 말씀하시더라고요. 이 병을 가진 환자가 한 명 있었는데, 미용을 배우면서 오래 서서 일하고 스트레스를 많이 받아서 몸이 급격히 안 좋아졌다고요. 그래서 자기가 사활을 걸고 그 일을 그만두게 했다고 하시더라고요.

그때 처음으로 신을 원망했었어요. 왜 나한테 이런 일이 생겼을까 싶어서요. 근데 그 일을 계기로 저는 항상 죽음을 생각하게 됐어요. 제가 언제든 죽을 수 있겠다는 걸 20대 초반에 깨달았어요. 그때 삶의 가치관이 완전히 달라졌어요. 그때 매일 했던 말이 온종일 아무것도 안 했어도, 설령 게임만 했더라도 "오늘 하루 너무 좋았어. 오늘 행복했어. 나 내일 죽어도 괜찮아."였어요. 매일 이런 생각을 하며 잠들었어요. 그때 이후로 하기 싫은 건 절대 안 하고 하고 싶은 것만 했어요. 그리고 약간의 반항심이 생겨서 처음 진단을 받은 후로 약 10년 동안 병원을 안 갔어요. 가족들한테는 그냥 괜찮은 척하고 병원 갔다 왔다고 거짓말했어요. 이게 평생 약을 먹어야 하는 병이긴 한데, 다행히 심해지지 않았어요. 스트레스를 받으면 혈변이나 고름이 조금 나오는 정도였어요. 이 병의 특징이 통증이 없다는 거거든요. 의사가 고기도 먹지 말라고 해서, 반항심에 고기를 더 먹기도 했어요. 나는 그냥 내 맘대로 살다가 심해지면 죽겠다는 생각이 있었던 것 같아요.

불치병 판정 이후에 약 10년 정도 병원을 안 간 건데,
혹시 더 심해졌을까 무서웠던 적은 없어요?

그냥 심해지면 심해지는 대로 받아들이겠다는 초연한 마음이 생겼던 것 같아요. 살고 싶다는 생각도 없었고 그냥 막무가내로 살아버리자 하는 마음이었다고 할까요. 대학 졸업할 때 진로를 결정하는데 저희 과에서는 대기업에 가거나 통역대학원에 가거나 하는 게 일반적이었어요. 갈 수 있는 길은 많았는데 출퇴근하는 일을 하면 힘들 거라는 얘기를 들어서 그랬는지, 핑계였는지 모르겠지만 대기업은 가기 싫었어요. 어차피 이렇게 된 거 하고 싶은 일을 하자 싶어서 23살 때쯤 NGO에서 일하기 시작했어요. 당시에 월급이 120만 원이었는데, 일이 생각보다 많았어요. 당시엔 애들 가르치는 것도 좋아해서 과외 아르바이트도 같이 하게 되었어요. 평일에는 아침 9시부터 오후 6시까지는 NGO에서 일하고, 저녁 7시부터 9시까지는 애들을 가르쳤어요. 그렇게 8개월을 하니까 몸이 난리가 났어요.

그때 막연히 했던 생각은 혼자서 내 삶이 주어질 때까지만 살겠다는 거였어요. 과외로 80 정도를 벌면 한 달 총 수익이 200 정도 되었거든요. 200이 저한테는 혼자 살기에 많게 느껴졌어요. 제가 사치 부리거나 하는 스타일이 아니라서요. 졸업하면서부터는 어떻게든 내 한 몸은 벌어서 먹일 수 있겠다고 생각했어요. 몸은 힘들었지만 그 자신감은 있었던 거 같아요. 몸이 힘들어져서 결국 다 그만두게 되었지만요. 어차피 일이 이렇게 힘든 거라면 돈 많이 주는 데가 낫겠다는 생각도 솔직히 들었고요. 근데 정작 새 일을 구하려고 하면 기업은 들어가기가 싫었어요.

조직에 소속되어 일하는 게 답답해 보였어요?

대기업에 들어가서 과연 오래 일할 수 있을까 하는 생각이 있었어요. 원하지 않는 대기업에 가는 이유는 엄마 아빠 혹은 사람들에게서 인정받으려는 것 외에는 없는 거 같았어요. 난치병 판정을 받은 후로는 남들의 인정은 중요하지 않았고, 당장 오늘 행복한 게 가장 중요했어요. 그제야 내가 좋아하는 건 뭔지, 나는 뭘 할 때 행복한지 계속 찾았어요. 그런데 제가 너무 소소한 것에서 행복을 느끼는 인간인 거예요. 좋아하는 영화를 본다거나 카페에서 책을 읽거나 배우고 싶은 것을 배운다거나... 그런 걸 하면 행복했어요.

그때 엄마한테도 이런 이야기를 자주 했어요. "엄마 나는 정말 행복해. 만약에 나한테 무슨 일이 생겨도 슬퍼하지 마." 이번에 인터뷰 의뢰가 와서 생각해보니, 정작 유서에 대해서는 한 번도 생각해본 적이 없었어요.

난치병에 걸리고 나서 마음을 어떻게 관리했어요?

궤양성 대장염이 난치병이라서 아무것도 밝혀진 게 없지만 심해지면 대장암으로 발전할 수도 있어요. 정기검진 받고 관리만 잘하면 된다는 말도 있고요. 완치는 힘들고 관리를 계속 해줘야 하는 병이에요. 저희 엄마는 이 병 덕분에 제가 건강에 신경을 쓸 수 있고, 좋게 생각하면 도움이 될 수도 있는 거라고 하세요. 또 30대 되면 아픈 데가 한두 군데씩 생기잖아요. 그런 거 생각하면 지금은 그냥 나한테 빨리 찾아온 거라고 생각해서 괜찮아요. 물론 20대 초반에는 왜 나한테 이런 일이 생겼는지 많이 원망하고 죽음까지 생각했었지만.

그러다가 지금의 남편을 만나서 연애를 하게 되고 결혼을 하게 되었어요. 남편이 건강검진을 받았으면 좋겠다고 계속 설득했는데 계속 안 하다가, 올해 임신 계획을 하면서 거의 10년 만에 처음으로 내시경 검사도 하게 되었어요. 다행히 더 나빠지지는 않았고, 약도 안 먹어도 되고, 임신해도 된다는 진단을 받았어요. 관리를 하나도 안 했는데... 오히려 병에 대해 생각하지 않고 스트레스를 안 받아서 그랬던 것 아닐까 생각해요.

20대에 못 해본 것 중에 아쉬운 게 있다면요?
아쉬운 게 있다면 20대여서 할 수 있었던 것들을 못 했다는 거예요. 일을 안 한 것도 아니고, 내 행복을 열심히 추구했으니 후회는 없어요. 그렇지만 그때 뭔가를 했다면, 예를 들면 직장에서 경력을 쌓는다든지 하는 것을 했으면 좋지 않았을까 하는 생각을 가끔 하기도 해요.

삶의 가치를 어디서 찾았어요?
저는 사랑을 많이 베푸는 사람이 되고 싶었어요. 그러고 보면 저는 항상 사랑을 중요하게 생각했어요. 불치병 판정을 받은 영향이었겠지만 미래를 준비하기보다는 지금 사랑할 수 있는 사람을 사랑하는 것에 가치를 뒀어요. 사실 남편은 사랑을 줘도 잘 받아들이지 못하고 오히려 부담스러워하는 사람이었어요. 그런데 제가 주는 사랑을 통해 이 사람이 좋은 방향으로 변한다는 게 느껴져요. 이런 것에서 저의 삶의 가치를 느끼고 있어요.

타인을 사랑할 수 있었던 힘이 어디서 온 것 같아요?

부모님에게 사랑을 많이 받아서 그런 것 같아요. 어렸을 때부터 종교가 있어서 사랑을 베푸는 것에 대해서 계속 배워왔던 영향도 있었고요. 사실 남편과 연애할 때 깨달은 건데, 저는 일보다는 사랑과 결혼에 삶의 가치가 있다고 느꼈어요.

특히 남편과는 이야기가 잘 통하고 재미있어요. 책 이야기부터 보통 이야기하기 꺼리는 정치 이야기까지 다양한 이야기를 끊임없이 주고받을 수 있는 사이예요. 연애할 때도 제일 친한 친구라고 할 수 있는 사이였어요. 그런 것도 좋았지만 제가 사랑을 줌으로써 상대방이 더 좋은 사람이 되어가는 것을 보는 게 참 좋아요. 남편과 연애할 때도 이 사람이 참 좋지만 오늘이 마지막일 수도 있겠다고 생각하면서 만났어요. 결국 서로 너무 좋아해서 같이 있고 싶고 같이 살고 싶어서 결혼하게 되었어요.

힘들었던 관계가 있었다면요?

남편은 부모님과 갈등의 골이 깊은 상태였어요. 게다가 시어머니께서는 원하는 며느리의 조건이 뚜렷하게 있으신 분이었어요. 저를 마음에 들어 하지 않으셨고, 처음 인사하는 자리에서는 음식을 입에 대지도 않으셨어요. 저에 대해 알아보지도 않고 싫어하시니 처음에는 서운한 마음도 있었어요. 근데 제가 어찌할 수 없는 거라서 더는 생각하지 않았어요. 결국, 결혼식을 하지 않고 혼인신고만 했어요.

근데 결혼하고 나서 제가 집에 혼자 있을 때 시어머니가 찾아오셔서 어떻게 이런 일을 할 수 있냐, 너희가 행복할 수 있을 것 같냐고 말씀하셨어요. 이후에도 계속 찾아오셔서 한동안 힘들었어요. 저희 부모님께도 너무 죄송했고요. 저는 사실 틀어진 관계를 경험해보지 못했기 때문에, 어머님이 저를 미워하는 것 자체가 너무 힘들었어요. 가족관계는 오래 쌓여온 것이고 남편의 가족관계는 제가 어떻게 할 수 있는 게 아니라는 생각이 들면서 내려놓게 되었어요. 그렇게 마음먹고 나니까 오히려 시부모님께는 앞으로 제가 해드릴 것밖에 없더라고요. 이렇게 생각하고 나자 마음이 편해졌어요.

생각해보니 제 인생에서 가장 힘들었을 때를 꼽자면 결혼 초반이었어요. 제가 불치병 판정을 받았을 때보다 오히려 더요. 제가 불치병 판정을 받았을 때는 제 가치관을 바꾸고 미련을 버리면 됐었는데, 결혼하고 생긴 갈등은 관계에 얽혀 있으니까 힘들었어요. 다행히 잘 이겨내고 남편과의 사이는 더 단단해졌어요.

요새는 일주일 중 뭘 할 때 가장 즐거워요?

제가 그 불치병 판정을 받고 나서 소소한 데서 행복을 느끼게 되었어요. 남편한테는 어떤 의미인지는 모르겠는데, 결혼도 쉽지 않았다 보니까 그냥 함께 있고, 맛있는 거 먹을 수 있을 정도의 돈이 있고, 그걸 누릴 시간만 있어도 행복해요. 결혼과 임신이 당연한 게 아니라는 걸 알고부터는 임신한 것도 참 소중해요. 사실, 결혼하고 행복을 느끼고 난 후에 처음으로 죽음이 두려워졌어요. 제가 죽는 건 두렵지 않은데, 남편이 없다는 걸 생각하면 죽음이 두려워져요. 사실 제 가족한테서는 그런 감정을 못 느꼈었어요. 제가 죽어도 엄마는 열심히 살 테고, 남동생들도 잘 살 테고, 가족이랑은 사실 분리가 된 느낌인데, 결혼하고부터는 분리가 잘 안 되는 거 같아요.

유서에 대해서도 생각해보니, 남기고 싶은 말은 평소에 얘기하면 된다고 생각했었는데 아기가 생기고 나니까 '엄마는 이런 생각을 하고 살았어' 하는 걸 쓰고 싶다는 생각이 들더라고요. 당부나 편지라기보다는 '엄마는 이런 사람이었어, 이래서 행복했어, 이런 생각을 하고 살았어' 하는 것들을 남기고 싶어요.

요새는 하루 일과가 어떻게 되나요?

요새는 임산부의 생활을 충실히 하고 있어요. 하루하루 소소하게 살았지만, 일에 대한 고민이 없었던 건 아니에요. 뭔가를 계속 하고 싶긴 해요. 정말 좋아하는 일은 돈과 떼어놓고 생각하고 싶어요. 돈이랑 결부되니까 돈을 벌어야 일인 것 같고, 돈이 기준이 되어버려요. 남편이 지지하고 응원해주어서 좋아하는 일을 여유 있게 탐색해보려고 했는데 임신을 했어요. 여자로서 아내로서 내 삶은 어떻게 흘러가는 것일까 고민이 들기도 해요. 근데 저는 사랑과 가정이 중요한 사람이니까 이왕 엄마가 될 거면 정말 집중해서 잘 키워야겠다는 생각이 들어요. 좋은 생각 많이 하면서 기쁨으로 육아하고 남편이 일하는 걸 한 5년 정도 서포트하면 나에게도 새로운 기회가 올 것 같다고 생각해요.

아기를 갖고 나서는 어떤 생각이 들어요?

아직 아기를 낳지 않아서 그런지 모르겠는데, 태동이 있긴 하지만 실체로 보지 않았기 때문인지 삶의 가치관이 달라지진 않았어요. 사랑을 주고 있지만 아직은 제가 제일 중요해요. 아기가 태어나도 정신적으로 지지해주고 행복한 순간을 공유하긴 하겠지만 지지와 응원을 할 뿐이지 그 아이의 삶에 너무 감정이입을 한다거나 하지 않으려고 해요. 그 아이의 삶을 존중해주려고 해요.

만약에 난치병이 악화되면 어떻게 할 것 같아요?

저는 경제적 여유가 된다면 혼자서 시설에 찾아갈 것 같아요. 이미 부모님과 남편한테 이야기했는데, 만약 내가 죽을 정도로 아프면 아무 말 없이 사라질 테니 찾지 말라고 했어요. 다른 가족들이 아프다고 하면 어떻게든 살게 하려고 할 거 같은데, 저는 가족들한테 폐를 끼칠 것 같아 사라지고 싶어요.

지금 죽는다면 가장 미련이 남을 만한 것은?

남편과 아이일 것 같아요. 이기적으로 들릴지 모르겠지만 저는 제가 남겨지는 것보다는 먼저 죽었으면 좋겠어요. 너무 고통스러울 것 같아서요.

다시 태어날 수 있다면요?

다시 태어난다고 해도 사람으로 태어나보고 싶어요. 내가 인생의 포인트라고 느꼈던 순간들에 다른 일이 있었다면 내 삶이 달랐을까? 다른 사람을 만났으면 인생이 달라졌을까? 이런 상상을 하잖아요. 저는 어떤 사람으로 태어나건 간에 다 재미있을 것 같아요. 어떤 힘듦이 있건 기쁨이 있건 살아갈 만할 것 같아요. 그래서 다시 태어나보고 싶어요. 힘든 것도 의미가 있다고 긍정적으로 생각하게 된 건 종교가 저에게 준 힘인 것 같아요.

사실 오랜기간 생각해오곤 했다.

슬프지 않다.

아쉬운 것들 보다는 아름답고 행복한 것들만 떠오른다.

내가 사랑했던, 나를 사랑했던 사람들에게 받은게 많아 정말 고맙고
미안하다. 제발 슬퍼하지 말기를. 나는 하루하루 주어진 시간들을
정말 행복하게 보내고 간다. 모두 가족들과 친구들. 그리고 당신 덕분이다.

거창하게 삶을 정리해보려 하기엔 나는 참 작은 사람이였다는
생각이 들지만 내가 이 삶에서 누린 것들은 결코 작지 않았다.
누구보다도 크고 진실한 사랑을 했다고 자부할 수 있고
나는 내가 준 사랑, 그 이상의 것들을 너무 많이 받았다.
내가 넘긴 아주 작은 사랑과 받자취가
세상에 하나의 좋은 씨앗이 되었기를 감히 소망해본다.

나는 이제, 나를 너무나도 사랑하시어
나로 하여금 이 삶에서 사랑을 알게하신 이의 품으로 돌아갑니다.
기뻤고 행복했습니다. 모두에게 감사합니다.

사랑하는 부모님과 동생들.
가족들이 준 사랑으로 나는 사랑을 줄 수 있는 사람이 되었습니다.
진심으로 너무나 고맙습니다. 먼저 떠나 미안합니다.
항상 그래왔듯이 밝고 유쾌한 가족으로 존재하기를 바래요.
앞으로 더 좋은 일들이 있을거에요.

2019년 8월

사랑하는 남편에게.

당신을 사랑한 사실은 내가 이 땅에서 한 모든 일 중 가장 소중하고 큽니다.

당신을 사랑한 나의 모습을 당신이 오롯이 안아주었기에

나는 나를 사랑할 수 있었고, 다른 사람들과 이 세상 또한 사랑할 수 있었습니다.

세상을 다르게 볼 수 있었으며 내가 느낀 모든 감각들은 풍성했습니다.

그리고 미안합니다. 내가 당신보다 하루 일찍 떠날 거라고 장난처럼 말하고 했지만

막상 당신보다 먼저 가려니 그게 가장 미안하네.

당신의 아름답고 다채로운 모든 삶의 순간들,

그리고 마지막을 함께해주지 못해 너무 미안합니다.

내 삶의 아쉬움은 하나도 없지만 당신에 대한 미안한 마음에 가슴이 계속 메어집니다.

이별이라는 상처를 주어 미안합니다.

하지만 당신은 앞으로 나아가세요.

앞으로의 찬란한 날들이 더 많은 당신은, 꼭 나를 잊고 앞으로 나아가세요.

내가 당신에게 주었던 사랑이 아주 작은 흔적이 되어 당신에게 남을 수 있다면.

그 흔적이 그리움과 슬픔이 아니라

삶을 살아갈 작은 힘과 사랑의 흔적이 된다면, 나는 그걸로 만족합니다.

그 힘과 사랑이 더해져 당신은 또 다른 사람을,

더 많은 사람들을 사랑할 수 있을 거라 믿어 의심치 않습니다.

당신은 그럴 수 있는 사람이에요. 내가 잘 알아요.

내가 아주 조용히 항상 도와줄게요. 지켜줄게요. 기도할게요.

앞으로의 당신의 삶이 더욱 행복하고 빛나가기는 걸 나는 확신합니다.

더 큰 사랑이, 더 큰 행복이 올 거예요.

사랑하는 나의 작은 아가,
너에게 주고 싶었던 것들이 너무나도 많았단다.
아무것도 해 줄 수 없는 엄마가 되어버려
미안하다는 말은 할 자격도 없는 것 같아.
꼭 한가지 말해주고 싶은 건, 엄마가 너를 품고 있던 그 순간들에,
엄마와 아빠는 정말로 세상에서 가장 행복했단다.
사랑의 결실로 나에게 와주어 행복의 순간들을 안겨주어 정말 고마워.
너는 훗날 앞으로도 나의 인생을, 나의 마지막을 빛내주었어.
너의 앞으로의 모든 것들이 풍성하고 다채롭기를 바래.
푸른 하늘을 볼 때마다 너를 향해있는 그 큰 사랑을 목상하고
힘이 되기를 간곡히 소망해.
그립고 미안하고 사랑해.

4

#30대

#싱글

#패션트렌드

#맥주

"

그냥 원하는 거 있으면 지금 해요.
그렇게 살아.

"

무슨 일을 하고 있나요?

주로 패션 트렌드에 관련된 유료 콘텐츠를 만들고 있어요. 이전에는 중국 브랜드 컨설팅 회사에서 일했었고, 이후에는 국내 트렌드 정보 발신하는 일을 했어요. 지금은 소속된 회사의 브랜드에 정보를 발신하는 일을 하고 있어요.

패션 쪽에서 일하게 된 계기가 있었나요?

제가 경제학을 전공했는데 대학교 때 MD 직군에 대한 선망이 있었어요. 친한 후배를 통해서 패션 회사에서 MD로 일하는 지인을 소개받았어요. 그분이 MD가 되고 싶으면 패션 쪽이 업무를 파악하기에 좋은 영역이라고 얘기해주시더라고요. 졸업하고 진로가 막막할 때, 무엇을 할지 모르겠는데 취직 원서를 내는 것도 이상한 것 같았어요. 그러다가 코오롱에서 운영하는 패션스쿨에 MD 과정이 있다는 걸 알게 되었어요. 부모님께 유학 대신 거기에 보내달라고 해서 1년 동안 다니게 되었죠. 그러고 나서는 어찌어찌 여기까지 흘러온 거 같아요.

서울 왔을 때가 몇 살이었어요?

대학교 졸업하고 20대 중반에 올라왔어요. 그러고 보니 일을 시작한 지도 10년이 훨씬 넘었네요. 시간이 진짜 너무 빨리 지나갔어요. 요새는 좀 허무한 생각도 들어요. 누군가 어떤 일을 10년 했다고 하면 엄청난 전문가가 된 것같이 이야기하잖아요. 그런데 내가 어느 분야에 전문성을 갖고 있는 걸까 하는 고민을 다시 하게 되더라고요. 지금 이 고민을 다시 하는 게 맞나 싶을 정도로요. 일단 어쨌든 저는 제 생계를 스스로 책임지는 사람이니까 일을 놓을 수는 없고, 일하면서 계속 고민하는 것 같아요.

패션 시즌에 따라서 바쁜가요?

9월에는 세미나가 있어서 보통 2개월 전인 7월부터 작업해요. 근데 패션은 또 시즌에 맞춰서 할 일이 계속 있어요. 2월부터 봄 상품이 나온다고 하면 연구해서 리포트 만들고 하는 식인데, 시즌 사이에 틈이 생기면 기획 리포트 같은 거 만들어요. 이를테면 책이라면 '대충 살자' 같은 맥락을 가진 책이 많이 나온다고 하면 그런 책들을 조사하고 흐름을 파악해 기획 리포트를 수시로 쓰고 있어요. 주기적으로 정해진 일도 있지만 중간중간 생기는 일도 많은 편이에요.

직업적으로 힘든 점은 무엇이에요?

이 업계 사람들이 하는 말로는 엉덩이로 하는 일이라고, 노가다 같은 일이라고 얘기하거든요. 정보라는 것이 보는 사람의 기준에 따라서 누군가에게는 굉장히 필요한 것일 수 있고, 누군가에게는 쓸데없는 것일 수도 있어요. 그리고 보통 정보에 대해 돈을 지급하는 것에 인색해서, '인터넷에 치면 다 나오는 거 아니야? 나도 할 수 있을 거 같은데'라고 말하는 사람도 많고요. 브랜드들과 컨설팅할 때에도 시간이 많이 드는 일인데 가치를 인정받지 못한 적도 많아요.

그리고 구체적으로 어떤 걸 할지 정해달라는 요청이 많아요. 사실 트렌드를 연구하는 사람으로서는 구체적으로 무엇을 하라고 제시할 수 없거든요. 제가 하는 일은 이런 흐름이 있으니까 브랜드의 방향성 설정에 참고해달라고 제안하면서 기반을 넓혀주는 일이라고 생각해요. 그런데 브랜드들은 '올해는 녹색이 유행할 거니까 녹색으로 만드세요'와 같은 식의 결론을 얻기를 원해요. 회사 차원에서도 돈을 만들지 못하는 조직이라고 여겨져요. 브랜드는 당장 제품을 판매해서 이윤을 만드는데 트렌드 연구는 그러지 못하니까요.

그래서 항상 브랜드에 도움이 되는 걸 달라는 요청을 받는데, '이상하다.... 우리는 브랜드에 도움이 되는 정보를 발신하고 있는데.... 그럼 어떤 정보를 달라는 거지?' 같은 생각이 들 때가 있어요. 브랜드 관련 부서에서는 "저 브랜드를 수입하세요. 이 색깔로 하세요."와 같은 정답을 원해요. 정답이 없는데 정답을 요구받는 게 힘들어요. 게다가 브랜드가 성장하면 필요 없는 인력처럼 치부되기도 해요. 패션 쪽이 경기가 안 좋아서 다른 쪽으로 넘어가려고 여러 번 시도했는데, 그게 잘 안되었어요.

요새 자주 하는 생각이 있어요?

제가 그런 게 좀 없어요. 큰 굴곡이 없었어요. 이게 운이 좋은 건지는 모르겠는데 뭐라고 해야 하나요, 너무 심심하다고나 할까요. 그걸 몰랐다기보다는 괘념치 않았는데, 요 몇 년 사이에 너무 수동적으로 살았다는 생각이 들어서 자꾸 여행을 가게 되더라고요. 저는 사춘기도 없었고, 대학교 때까지도 엄마가 옷 사주는 대로 입고 다니고, 별 불만도 없었던 애였어요. 부모님 말씀을 어겨본 적이 없다가 대학 가고 나이가 들면서 자아가 튀어나왔어요. 부모님이 원하는 모습과 하나도 매칭이 안 되는 삶을 살려고 하는 것에 두 분이 충격을 받으시기도 했어요.

심지어 친구 관계도 크게 문제 됐던 적이 없고 친구들도 안정을 추구하는 성향이 많아요. 중학교 때 제일 친했던 친구 네 명은 다 교사이고, 유일하게 대학교 친구 한 명이 번역하면서 독신으로 살고 있어요.

제가 되게 겁쟁이예요. 눈치도 너무 많이 보고요. 제가 하는 일이 여기저기 막 관심도 있고 날이 서 있어야 해요. 이 일로 먹고살 수 있는 것도 눈치를 많이 봐서 그런 것 같아요. 회사에서도 일하고 있다가 "누구 A에 대해서 알아?" 하고 이야기가 나오면 제가 모르면 찾아서라도 알려주려고 하는 성향이 있어요. 질문에 대해서 대답을 잘 못하면 상대방을 충족시키지 못함에서 오는 스트레스가 너무 커요.

그럴 때 어떤 마음이 드나요?

제가 여행도 혼자 잘 다니고 하니까 다른 사람들은 저를 되게 독립적인 사람으로 보더라고요. 근데 사실 타인에게 인정받고 싶어 하는 욕구가 강한 것 같아요. 제가 다른 사람한테 잘하면 나에게도 이렇게 해주지 않을까 하는 기대도 있는데 겉으로 티 안 내려고 해요. 이것도 일종의 쿨병이죠. 근데 쿨병은 결국엔 속병이 되는 거 같아요. 누구랑 싸울 일은 잘 없다는 장점은 있겠지만요.

스트레스 받았을 때는 뭐 해요?

우울감에 빠질 때가 있긴 한데, 구경하러 다니면서 예쁜 것도 보고 하면 풀려요. 아마도 제가 그 감정의 진폭이 작은가 봐요. 일요일에 조조 영화 하나 보러 가서 맥주 마시고 하면 금방 풀려요.

어떻게 보면 행복하기 쉬운 성격 아닌가요?

근데 뭔가 헛살지 않았나 하는 생각이 종종 들어요. 4~5년

전엔가 친구랑 같이 산 적이 있어요. 한창 바쁠 때라서 보고 자료 만들려고 아침 6시에 출근하고, 저녁에 10~11시에 퇴근하는 생활을 했었어요. 몸이 너무 힘드니까 퇴근할 때 맨날 택시 타고요. 유일하게 위로가 됐던 게 퇴근하고 먹는 아이스 크림일 정도였어요. 그때 이 친구가 자기가 다니던 회사를 소개해줘서 이직을 했어요. 그러니까 같은 회사에 다니면서 같이 살았어요.

2년 정도 같이 살았는데, 잠깐잠깐 친구로 만났을 때는 몰랐는데, 같이 살고 보니 그 친구가 가진 감정의 진폭이 매우 크다는 것을 알았어요. 감정 기복이 있다 보니 저랑 자주 부딪쳤어요. 사실 그전에는 누군가랑 어울리면서 그렇게까지 감정을 교류해본 적이 없었거든요. 그리고 그 친구는 그 섭섭함을 드러내놓고 얘기하는 성격이어서 그 친구한테 처음 저에 대한 생각도 들었었죠. 예를 들면 "왜 너는 화를 안 내?" 같은 거요. 저 자신과 관계에 대해서 다시 생각하게 되는 계기가 되었던 것 같아요.

요새 하는 고민이 있다면요?

지금 사는 이 형태를 벗어나서 다른 형태로 살고 싶다고 생각하고 있어요. 일본어를 배우고 있는데 다른 나라로 가보고 싶은 마음이 있어서 배우게 된 것 같아요. 그래도 어려움 없이 한국과 비슷하게 살 수 있는 나라가 어딜까 생각해봤는데 그게 일본이었거든요. 그 고민 한 지 오래됐는데 실천이 안 돼서 일단 언어부터 공부하자 해서 일본어 공부 중이에요. 일본과 관련된 일을 구할 수 있는 방법을 찾으려고 고민하는 중입니다.

일본이 특별히 마음에 드는 이유가 있어요?

저는 사실 익숙하지 않은 환경에서 처음인 것처럼 환경을 세팅해보고 싶은 생각이 들어요. 한번 큰 변화를 겪어야 하는 게 아닌가 하는 생각이 들어요. 저를 둘러싸고 있는 환경을 변화시키고 싶은 마음이 제일 커요. 물론 제가 선택해서 살아온 거긴 한데, 그 선택을 제대로 고민해서 하고 살아온 건지 잘 모르겠어요. 의지가 강한 것도 아니고, 그냥그냥 흘러온 것 같은 마음이 들어서 이렇게 마흔이 되고 쉰이 되면 어느 순간 현타가 심하게 올 것 같은 거예요. 그래서 조금 다른 삶을 선택할 수 있다면, 지금이라도 할 수 있다면, 환경을 바꿔보고 싶다는 생각이 들어요. 나이의 앞자리가 4로 곧 바뀐다고 생각하니 막연한 불안함이 들어서 빨리 해봐야겠다고 생각했어요.

30대 싱글로서 결혼에 대한 압박은 없어요?

엄청나죠. 오랜 시간 받아왔어요. 사실 20대 후반부터 엄마 때문에 맞선도 진짜 많이 봤어요. 제가 처음 보는 사람을 경계하지는 않는데, 마음에 들지 않으면 자리를 박차고 나간다거나 대충대충 빨리 자리를 끝낸다거나 하거든요. 사실 그렇게 하면 이성이 아니라 누구라도 싫어할 거예요. 제가 부모님 부탁을 거절하지 못해서 자꾸 그런 상황을 만들더라고요.

한번은 스트레스가 극에 달해서 부모님께 이런 거 하시지 말아달라고 부탁을 드렸더니 그 후로는 제 눈치를 보시더라고요. 근데 또 제가 괜찮아 보이면 또 얘기가 나오고 하는 상황이에요. 아버지는 자꾸 너 되게 외로울 거라고, 이제 좀 누구를 만나야 하지 않겠냐고 계속 얘기하세요. 재작년부터인가 명절에 집에 가서 음식만 도와드리고 친척들 오기 전에 서울로 다시 와요. 엄마 아빠가 말은 안 하시는데, 만들어놓은 음식으로 친척들 챙기고 정작 딸은 다른 곳에서 명절을 따로 보내는 게 속상하셨을 것 같아요.

결혼할 뻔했던 적도 있었나요?

사실 결혼도 생각한 적이 있었는데, 제가 마음먹었다고 다 되진 않더라고요. 결혼 이야기가 왔다 갔다 한 적이 있었는데, 시어머니 되실 분이 급성혈액암으로 투병을 시작하셨어요. 제가 만나던 분이 장남이었는데, 그분의 아버지가 일로는 성공하셨는데 가정에 소홀한 분이셨어요. 남자친구가 어머님을 다 챙겨야 하는 상황이었어요. 결국 투병을 하시다가 어머니가 돌아가셨는데 장례 치르고 하면서 상황이 흐지부지해졌어요. 사실 저도 그때 못됐던 게, 우리 엄마 아빠가 원하지 않았을 상대라는 생각이 들어서 마음을 접었었어요. 결혼하려면 엄마 아빠의 기대를 충족할 만한 남자를 만나야 한다는 생각이 있었거든요. 내가 아무리 누군가가 좋고 해도 결혼이라는 건 마음만으로 되는 것 같지 않고, 그냥 때가 있는 건가 하는 생각이 들기도 했어요. 어느 순간부터는 그냥 생각하지 않고 내려놨던 거 같아요.

죽음에 대해서 생각해본 적은 있어요?

제가 진짜 많이 했던 말 중에 하나가 나는 지금 죽어도 크게 이상할 게 없다는 말이더라고요. '죽는 게 무서울 거다, 두려울 거다' 같은 말을 안 하고 살았거든요.

너무 힘들어서 죽고 싶다는 생각은 안 해봤지만요. 언제든 누구에게나 일어날 수 있는 일이라고 생각하고 있었어요. 그냥 이렇게 살다가도 무슨 일이 나에게 어떻게 일어나게 될지 모르는 일이니까요. 어떻게 죽어도 이상하지 않을 것 같다는 생각이 들었어요. 그렇게 생각하게 됐던 계기가 몇 번 있었어요.

대학교 때 자살을 선택한 친구가 있었어요. 대학교 3학년 때 되게 친하게 지내던 친구였는데, 죽기 이틀 전까지도 통화하고 그랬거든요. 어느 날 수업을 하러 갔다가 친구가 죽었다는 연락을 받았어요. 당시엔 너무 당황스러웠어요. 그 친구 부모님이 따로 장례를 안 하셨고, 마지막을 배웅하러 친구들끼리 같이 갔어요. 근데 그 친구랑 똑같이 생긴 형이 저희를 맞이해주는데 기분이 묘하더라고요. 갑작스럽게 주변 사람을 보내는 게 처음 겪는 일이었어요. 그때 처음으로 죽음이란 게 뭘까 하는 생각이 들었던 것 같아요. 사는 것이 아등바등.... 이게 뭐라고 이렇게 붙들고 살 일인가 싶었어요. 그 이후로는 또래보다는 나이 드셔서 병으로 돌아가시는 경우를 경험하면서 장례 절차를 조금 알게 되었어요.

근데 최근에 갑작스러운 죽음과 관련된 일들이 주변에서 흔하게 일어난다는 것을 깨달았어요. 회사에서 제 앞에 앉은 과장님이 저랑 안 지 3년 가까이 됐어요. 그날도 정말 아무렇지 않게 같이 외근을 나가서 점심을 먹고 있었거든요. 과장님이 아들 이야기를 하다가 갑자기 "근데 제가 남편을 잃은 지 얼마 안 됐어요."라고 말씀하시는 거예요. 그걸 듣는데 제가 어떤 대응을 할 수가 없는 거예요. 아무것도.... 남편분이랑 열심히 일만 하면서 살았대요. 매일매일 일과 자신을 동일시할 정도로 열심히 살았다고 하셨어요. 심지어 일 열심히 해서 돈 많이 벌려고 아들도 멀리 있는 친정 엄마한테 맡겼었다고 하셨어요. 두 분 다 해외 출장이 잦은 직업이었어요. 근데 남편분이 해외 출장을 갔는데 출장지에서 사고가 나서 돌아가신 거예요. 현지에서 거쳐야 하는 절차가 있어서 남편분을 한국으로 데리고 오는 데에만 9일이 걸렸대요. 한국에서 소식을 듣고 9일 동안 기다리는데 그 시간이 너무 힘들었대요. 지금도 상담을 받으신다고 하더라고요. 그분이 아무렇지 않게 그 이야기를 하시면서 "그냥 원하는 거 있으면 지금 해요. 그렇게 살아." 라고 하시는데, 그 말이 기억에 남아요.

또 회사에 결혼한 지 6개월 된 분이 있었어요. 그분이 결혼한 지 3개월 지났을 때 남편이 건강검진을 받았는데 급성 혈액암이 와서 한 달인가 후에 죽었어요. 거기 조문을 하러 갔는데 뭐라고 말로 표현이 안 되고, 섣부르게 위로를 할 수도 없었어요. 그러니까 정말로 죽음이라는 건 옆에 있는 거 같은 거예요. 누가 막을 수도 없는 거라는 생각이 많이 들어요. 근래에 이런 일들을 겪으면서 죽음에 관한 생각을 많이 하게 되었어요. 이렇게 짧은 인생이라면 어떻게 사는 게 맞는 건지 생각을 많이 하게 돼요.

만약 내일 죽는 걸 알게 된다면?
아마 부모님께 가서 그동안 못 나눈 이야기를 많이 할 것 같아요. 제가 애교가 많고 살가운 성격이 아니라서요. 근데 실제로 가게 돼도 그렇게는 못 하고 평소처럼 할 것 같아요.

앞으로는 어떻게 살고 싶어요?

따로 또 같이 살 수 있는 공동체가 있었으면 좋겠다는 생각이 많이 들어요. 한 명이 아프면 같이 돌보는 거죠. 그 사람의 아이가 아프면 그 아이도 같이 돌보고요. 그런 세상을 꿈꾸고 있어요.

유서는 어디에서 쓰고 싶어요?

제가 항상 텔레비전을 켜놓아요. 백색소음처럼 쓰는 것 같기도 한데요, 소리가 꺼질 때가 없는 거 같아요. 유서를 쓰게 된다면 모든 소리를 끄고 조용한 데에서 쓰고 싶어요.

가만 생각해보면,
나 스스로를 왜 잘 다독여두고 챙기지 못했을까
싶어 후회가 가끔 납니다.

그래도 살면서, 만나고 헤어진 많은 인연들에게 고맙고
미안한 순간이 먼저 생각나는 걸 보면 잘 지내다
가는 것 같아서 나름은 괜찮았구나 싶습니다.

몇 가지 부탁드리고 싶은 말들이 있어요.
힘들고 외로운 순간,
내 편일 수 있는 친구를 곁에 두는 것,
삶의 목적을 위로만 바라보지 않는 것,
지나갈 말들에 쉽게 상처 받지 않는 것,
그리고 자신을 많이 아끼고 사랑하는 것.

아꼈던 사람들에게 잊히는 것을 슬퍼하지는 않겠습니다.
남은 이들이 자신의 삶을 충분히,
충실히 살아내길 바랍니다.

많이 고마웠습니다.

5

#화가
#작가
#영화감독
#공황장애

"

관계를 생각하면 장기하 노래 중에 '깊은 밤 전화 번호부'란 노래가 생각나요. 그 노래 가사가 핸드폰 전화번호부를 보는데 하나둘 세다 보니 300명도 넘는구나. 나는 부자다. 근데 딱 한 잔만 했으면 좋겠는데, 딱 한 잔이면 되는데, 잠깐만이면 되겠는데, 연락할 사람이 없다. 이런 내용이거든요.

"

무슨 일을 하고 있어요?

회화과를 졸업하고 나서 자연스럽게 개인전을 했어요. 그걸 시작으로 10년 동안 그림을 그리다가 지금은 영화 제작하고 피아노를 치고 있어요. 상영 매니저라고해서 독립영화 상영을 하는 일도 한 달에 한 번씩 하고 있어요.

하루를 어떻게 보내나요?

사실 종일 작업만 할 수 있는 건 아니에요. 빈둥대다가 집중해서 하는 몇 시간에 작업이 나오기도 해요. 그렇게 생각하면 직장에 다니면서 창작을 하기는 힘들었을 것 같아요.

소득이 들쭉날쭉해서 불안한 적은 없었어요?

직장은 안 다니고 소득이 들쭉날쭉해도 불안하지 않았던 이유는 사실 주거를 겸한 작업실이 해결되어서예요. 부모님이 갖고 계신 오피스텔을 집이자 작업실로 쓰고 있어요. 비록 원룸이지만 작업실이 있어서 한 달에 30만 벌어도 되겠다고 생각했어요.

서울에서 주거가 해결됐다면 소위 금수저 아닌가요?

사실 주변의 예술을 하는 친구들이 주거 문제로 다 힘들어하고 있어서, 친구들에 비하면 금수저라고 할 수도 있을 것 같아요. 농담으로 나이가 들면 폐지 줍겠다고 말하는 친구들도 있어요. 비록 작은 공간이지만 집을 해결했다는 게 엄청난 행운이었다고 생각해요. 그래서 친구들한테는 집 이야기는 잘 안하게 돼요.

20대 때 한 선택에 대한 후회가 있다면?

뭘 선택했다기보다 자연스럽게 흘러온 것 같아요. 20대 때 피아노 치는 것이 취미였는데, 계속 치다 보니까 30대에 피아노 공연을 하게 되기도 했어요. 얼마 전에는 화가로서 은퇴를 선언했더니 연달아 그림이 팔리기도 했어요. 심지어 원래 그림 가격의 2배를 불렀는데도요. (웃음)

죽음에 대해 생각해본 적 있는지?

원래 성격 자체가 낙천적인 데다가, 죽음과 관련된 경험도 없어서 깊게 생각해본 적은 없어요. 근데 어머니가 뇌졸중으로 쓰러지시면서 생각하게 되었어요. 지금은 다행히 기적적으로 90% 이상 회복하셔서 혼자 거동이 가능하신 상태예요. 사실 뇌졸중 걸린 사람들 중 30%는 죽고, 산다고 해도 반신불수로 휠체어에 의지해서 살아가는 게 운명이에요. 엄마는 그때 인생의 개인적 참사를 겪은 건데도 너무 명랑하셨어요. 물론 가족들 없을 때 우셨을지도 모르지만요. 그러고 보니 제가 엄마의 영향을 많이 받아서 낙천적인 것 같아요.

관계 때문에 힘들었던 적은 없었어요?

회사나 조직 생활을 하면 싫은 사람을 계속 봐야 하잖아요. 저는 그런 상황은 군대가 마지막이었거든요. 그다음부터는 싫으면 안 보면 되었었기 때문에 딱히 관계 때문에 힘든 일은 없었어요. 군대에서는 상관이 마음에 안 드는 사람이었는데 그때도 죽음까지 생각해본 적은 없어요. 또 가족이 지옥인 사람도 있겠지만, 저는 고맙게도 가족들이 제 직업을 응원해주고 있어요.

부모님도 서울에 계시지만 따로 살아요. 일주일에 한 번씩 집에 가는데 그게 참 좋은 거 같아요. 성인이 되고부터는 같이 있는 시간이 길어지고 말이 길어지면 100% 싸우게 되는데, 지금의 사이클은 그럴 일도 없고 딱 좋은 거 같아요.

부모님과의 갈등은 없었나요?

엄마의 잔소리가 심해지면 약간 힘들어지는데요, 근데 뭐 그것도 지금은 거의 없어요. 전 장손인데 가문은 제가 끊겠다고, 제가 마지막이라고 말씀드렸어요. 아버지는 처음에는 그렇게 확정적으로 말하지 말라고 하셨는데, 몇 년 지나는 동안 제가 사는 모습을 보시고는 그냥 하는 말이 아니구나 생각하셨는지 친구들 자식들 결혼식을 전혀 안 가세요.

살면서 힘들었던 적은요?

저한테 최근 몇 년 동안 가장 힘들었던 일이 고속도로 운전하던 중에 공황장애가 왔었던 일이에요. 그때 죽을 뻔해서 아직도 고속도로에서 운전하는 것에 트라우마가 남아 있어요. 그게 인생에서 유일하게 극복하지 못한 트라우마예요. 실제로 운전하다 발작이 와서 죽은 사람들도 있거든요. 지금도 종종 운전을 하긴 하는데 힘들 때가 있어요.

공황장애 극복기를 담은 책도 냈다고 들었는데,
치유에 도움이 됐나요?

공황장애에 관한 책을 낸 때가 증상이 없어진 지 몇 년 지난 후였어요. 그래서 증상과 관련해서는 딱히 도움을 받아야 하는 때는 아니었어요. 지금은 다행히 공황장애랑은 멀어진 상태예요. 되짚어보면 공황장애로 한창 힘들 때 글을 쓰는 게 도움이 많이 되었어요. 원래 창작 일을 해왔으니까 현재 내가 처한 상황을 기록해야겠다고 생각했어요. 근데 지금 생각해도 도저히 원인을 모르겠어요. 그때 당시에 뭔가 압박감을 줄 만한 요인이 없었거든요. 딱히 스트레스가 될 만한 일도 없었고요. 그래서 아직도 공황장애가 왜 왔는지 잘 모르겠어요.

**인터뷰를 하다 보니 사람들이 치매를 가장 염려하던데
어떻게 생각하나요?**

치매에 걸리면 기억은 잃어버리는데 감정은 느낀대요. 그냥 영원한 현재만 있는 상태래요. 과거랑 미래를 연결할 수 없는 상태, 자아를 잃어버렸지만 어떤 감정을 느끼는 상태래요. 제가 그런 상태이고 존엄사를 선택할 수 있다고 하면 당연히 생각해볼 것 같아요. 그런데 한편으로 창작자로서는 그때만 할 수 있는 어떤 작업을 하지 않을까 하는 생각이 들어요. 창작하려면 자신과 거리 두기가 가능해야 하는데 그게 힘들 수 있을 것 같긴 하네요. '치매에 걸린 나'를 인지해야 가능할 테니까요.

사실 저는 치매에 대한 공포보다는 어느 날 장애인이 되는 것에 대한 공포가 더 심해요. 어디를 다쳐서 그 부위를 영원히 못 쓴다거나, 시력과 같은 감각을 잃는다거나 하는 일요. 장애 관련 책을 읽고 난 후로 더 두려워졌어요. 우리나라 사회 시스템이 장애인에게 우호적이지 않잖아요. 치매는 너무 멀게 느껴지는데 장애는 내일도 일어날 수 있는 일이니까요.

나이 들어서도 작업하고 있을 것 같아요?

네 아마도 제 작업실에서 작업하고 있을 거예요. 작업실에서 작업하다가 죽을 것 같아요. 사실 저는 생의 의지가 너무 강해

요. 제 작업실이 오피스텔인데, 완강기를 사서 창문 옆에 달아 놨어요. 아파트가 아닌 건물에 개인이 완강기를 설치하는 건 흔치 않대요. 저는 심지어 불나면 어떻게 탈출할지 이미지 트레이닝도 해보고 실제로 연습을 하기도 해요.

사는 게 어떤 점이 재미있어요?

지금 같으면 내일 죽어도 상관없긴 해요. 고통스러워서가 아니라 삶이 행복해서 내일 죽어도 여한이 없다 싶은 느낌이랄까요. 특히 어떤 작업을 시작하고 아직 그 끝을 못 봤는데 결과물이 너무 기대될 때 생의 의지가 폭발해요. 실제로 군대에서 그림을 그렸는데 마음에 무척 들어서 휴가 나가면 집에 가서 싸이월드에 올리고 싶었어요. 근데 집에 가는 도중에 죽으면 어쩌지 하고 생각해본 적 있어요. 그 정도로 저는 작업에 대한 의지가 강해요.

삶의 목표는 무언가 만들고 세상에 내보이는 것인가요?

그게 전부죠. 창작하고 세상에 내보이고 그걸로 사람도 만나고요. 저는 작업하고 발표하는 것으로 행복했고, 관계는 별로 생각을 안 했었거든요. 근데 올해부터는 생각이 달라졌어요. 어느 순간 보니까 내 커리어는 많이 쌓였는데 주변에 친구가 없는 거예요. 마침 그때 보던 시트콤이 <프렌즈>였어요. 사소한 것을 나누는 관계가 없다고 느껴지니 허무함이 밀려오더라고요. 기쁨을 나눌 사람도 없고. 그나마 있던 관계를 강화해보자 싶어 먼저 연락하는 성격이 전혀 아닌데 먼저 연락도 해보고 했어요. 아무 일 없이 만나서 카페에 가기도 하고 관계 쌓는 연습을 해봤죠. 사실 방구석에서 잘 안 나오는 사람이었는데 그렇게 지내면 우울해지더라고요. 사람은 사회적 동물이니까 어느 정도의 관계는 필요한 것 같아요. 적당한 거리를 유지할 수 있는 공동체가 있다면 더없이 좋을 것 같고요.

마음에 드는 공동체를 찾았어요?

계속 찾고 있어요. 특히 영화 일을 하는 친구들이랑 놀 때 재미있어요. 카페 같은 데 빌려서 공동상영하는 일로 만났는데, 나중에 일은 없어지고 친목만 남았어요. 만나면 각자 만들고 있는 영화를 같이 보기도 하고, 영화제에 같이 놀러 가기도 해요. 자주 보는 건 아니지만, 영화를 중심으로 모이게 돼요. 독립영화를 만들어서 같이 보고 뒤풀이를 하기도 해요.

관계란 무엇이라고 생각해요?

관계를 생각하면 장기하 노래 중에 '깊은 밤 전화번호부'란 노래가 생각나요. 그 노래 가사가 핸드폰 전화번호부를 보는데 하나둘 세다 보니 300명도 넘는구나. 나는 부자다. 근데 딱 한 잔만 했으면 좋겠는데, 딱 한 잔이면 되는데, 잠깐만이면 되겠는데, 연락할 사람이 없다. 이런 내용이거든요. 이 노래를 듣다 보면 가벼운 우울감으로 이어질 때가 있어요. 이런 감정이 심해지면 우울증이 되는 거 같아요. 관계가 사라진 것 같고 공허한 느낌에서 영감을 받아서 영화를 만들기도 했어요.

최근에 했던 작업은 무엇에 관한 것이었어요?

여자친구도 없고 주변에 친구도 없는 것 같은 기분을 느꼈을 때 부모님이랑 북유럽 패키지 여행을 갔었어요. 한국 사람들이 대부분인 패키지 여행이었는데, 아이러니한 풍경을 발견하고 영상에 담았어요. 예를 들면 대부분 식사로 한식이 제공되었는데, 모스크바에서 단체로 닭도리탕을 먹고 오슬로에서 제육볶음을 먹는 모습이 낯설고 재미있었어요. 코펜하겐 운하에서는 유람선을 탔는데, 한국인이 많으니까 '저 하늘에 반짝이는~' 하는 노래를 부르는 거예요. 북유럽의 유명한 관광지에서 한국 사람들만 알 것 같은 노래를 부르고 음식을 먹는 풍경이 아이러니했어요. 이런 내용을 담은 7분짜리 다큐멘터리를 만들어서 지금 영화제를 돌고 있어요.

80년대생 하면 어떤 게 떠올라요?

저는 저학력이었던 부모님 세대가 자녀들을 위해 교육에 엄청난 투자를 했던 세대라고 생각해요. 그런데 80년대에 태어난 자녀들이 성장하면서 저성장 시대가 되어서 부모를 책임질 수 없어졌고요. 80년대생들은 어렸을 때 할머니 할아버지가

환갑이거나 칠순일 때는 어머니가 어떻게 하는지 지켜봤잖아
요. 예식장을 빌려서 잔치를 하고, 그 이후부터는 용돈을 드린
다거나 노후를 책임진다거나 했잖아요. 완전히 그 관계가 역
전된다고 느낀 게, 저희 부모님은 제 노후를 걱정해요. 제 의지
와 상관없이 노후를 다 마련해주고 가겠다는 생각도 하고 계
신 것 같아요. 언젠가 한번은 아버지가 짜증이 나셨는지 누나
랑 저를 부르셔서 '내가 너희들을 부양할 의무는 없다'고, 물어
보지도 않았는데 그런 말을 하신 적이 있어요.

내일 죽는다면 무얼 할 건가요?

우선 맛있는 걸 먹을 것 같아요. 그리고 산책하고 피아노도
조금 치고요. 아 그게 감동적이겠어요. 생의 마지막 연주! 그
걸 찍어서 유튜브에 올리고 싶어요. 시간이 남는다면 가족도
만나고 싶어요.

앞으로 어떻게 살고 싶어요?

<어떻게 죽을 것인가>*라는 책을 보면서 생각했는데, 어떻
게 끝까지 주체성을 유지한 채로 죽을 것인가가 저한테 제일
중요해요. 요양원에 갇혀서 죽고 싶지는 않아요. 저희 할머니
가 요양원에 계시긴 하는데 자기 집에 가는 게 소원이시거든
요. 물리적으로는 갈 수 있는데, 사회적으로 용인이 안 돼요.
자식들이 아프신데 어디 가시냐 하는 것부터 시작해서, 사회

시스템에서 용납하지 않아요. 저는 주체적으로 살려면 어떻게 해야 하는지 계속 고민하며 살 거예요.

* 아툴 가완디 저, 부키(2015)

유 서

재밌게 잘 살았다. 나는 이제 죽는다. 삶이 영화라면
이 글은 일종의 엔딩 크레딧이다. 가장 먼저 영희와 정욱에게
고맙다. 날 낳아주고 길러주었다. 훗격 성인이 된 후에도
돈을 줬다. 내가 하는 모든 활동을 응원하고 지지했다.

다빈치에게 메디치가가 있었다면, 내겐 이들이 있었다.
경제적, 정신적 빈곤을 예술적 영감과 동력으로 삼을만한
위인이 전혀 아닌 나는, 다행히도 부모 잘 만나 배부르고
등따시게 작업하는 예술가로서 호사를 누렸다.

또한 내가 불의에 저항하고 약자를 사랑하는 한 줌의
마음이 있었다면 모두 이들에게서 온 것이다.

동시대를 살아냈던 예술가들에게도 경의를 표한다.
세상의 모든 멋짐은 당신들에게서 비롯됐다.

어떤 순간에도 삶을 기획하고 우아한 결과물을 만들어내려고
애는 이들 곁에 있으면서 나도 조금은 멋있는 사람이 될수 있었다.

내 작품이 밥숙 처주고 말 걸어준 소중한 관언자들의
지분을 무시할 수 없다. 긴── 시간 홀로 작업하며
의기소침해질 때마다 내 작품에 호들갑 떨어준 이들의

표정을 욕하다 삶의 공백을 채웠다.

내 팔짱을 껴준 고마운 애인들에게도 한마디 하겠다.

만남과 마음이 끝나도 사랑은 계속되더라.

영원할 수 없기에 가능했던, 당신들과의 사랑은 언제나

떠올리며 살았다. 그러나 새로 사귄 애인들이 나보다는

조금 덜 멋있었길!

불평등한 사회를 견뎌냈던 이들과 맘이 연대하지 못한

점은 아니다. 행동으로 옮기지 못했다. 안온한 내 방을

떨쳐나갈 용기가 없었다. 그 점은 부끄럽다.

틈날 때마다 옥주를 생각했다. 우연히도 사고하고 표현할 줄

아는 지적 생명체로 태어나 셀 수 없는 감정을 느끼며

살 수 있어서 좋았고, 묵신다는 피아노가 존재하는

옥주에 방문해서 행복했다. 안녕.

6

#퀴어
#성폭력가해자
#일상

"

  아는 언니 중에 작가인 언니가 해준 말이 있는데 그
게 참 기억에 남아요. "작업하는 게 얼마나 좋아. 사
람들에게 피해도 안 끼치고. 작업은 그냥 어쩌다 툭
나오는 거고 사람들은 그 작가의 삶을 좋아하는 거
야." 저도 그렇게 살고 싶어요.

  "

무슨 일을 하고 있어요?

여성단체에서 5년 정도 있었는데, 개인적으로 일이 생겨서 그만하게 되었어요. 요새는 집 정리, 요가, 기타 연습을 매일 하려고 해요. 힘든 일 때문에 몸도 마음도 아프고 나니까 일이고 뭐고 건강이 우선이라는 생각이 박힌 거 같아요. 정리를 잘하고 운동을 하면서 살아야 기분도 좋고 잘 사는 것 같아요. 이 일상 루틴을 지키는 것을 우선으로 하려 해요.

학교 졸업하고 나서는 무슨 일 했었어요?

대학에서는 디자인을 공부했었는데, 졸업할 때쯤 잘하는 애들이 많아서 저까지 할 필요는 없다고 생각했어요. 근데 제가 교육은 잘할 수 있을 거란 자신이 있었어요. 대학생 되고 나서 친구들과 성을 주제로 이야기를 많이 나눴는데, 머리로는 알고 있어도 실천을 어려워하는 여성들이 많다는 걸 알게 됐어요. 예를 들면 이성과 성관계를 할 때 피임 얘기를 못 꺼낸다거나 하는 거요. 건너 건너 중절 수술 소식도 종종 들었어요. 우리가 교육을 잘 받았으면 이런 고통은 없앨 수 있지 않을까 하는 생각에 사명감에 불타올랐어요. 그래서 대학 동기들이 취업 준비로 이력서 쓰고 포트폴리오 정리할 때 저는 성교육 강사가 되는 코스를 들었어요. 그 후에 교육단체에서 교육 관련 일을 하게 됐어요. 그렇게 나름 평판 있는 교육 단체에 소속되어 경험을 쌓고 있었는데, 어느 시점에 제가 소속된 단체의 앵무새가 된 것같이 느껴졌어요. 제 생각과 경험이 아닌 책에서 배워서 외운 걸 그대로 말하고 있다는 느낌요. 그렇게 느낀 후로 재미가 없어졌어요. 그래도 중고등학교나 동아리 모임에 가서 청소년들이랑 이야기하는 건 즐거웠어요. 그 후에는 교육단체를 그만두고 NGO로 옮겨서 일했어요.

NGO 일은 어땠어요?

우연히 SNS에서 거리상담사를 모집한다는 글을 봤어요. 알고 보니 가출한 여성 청소년들을 쉼터에 연결해주는 일이었어요. 10대 여성들이 가출하게 되면 성매매에 노출될 가능성이 크거든요. 가출하더라도 갈 수 있는 쉼터가 있다는 걸 알려주는 활동이었어요. 제가 잘 모르는 영역이라 궁금하기도 했고, 관련 교육을 할 때 꺼낼 수 있는 사례가 될 것 같아 지원했어요. 주체인 단체가 여성주의와 생태주의를 같이 다루는 동네 단체였는데, 일하다 보니 거기서 주로 활동하는 언니들이 너무 멋졌어요. 같이 일하는 언니들에게 완전히 빠져버려서 같이 팀을 만들어서 책을 읽고 공부하기도 하고, 동네 거리에 테이블 펴놓고 지나가는 10대들과 만나서 대화를 하기도 했어요. 이 모든 일이 생생하게 느껴졌어요. 첫 번째 일했던 단체에서는 아무리 성을 주제로 하더라도 발표 자료 띄워놓고 강단에 서서 혼자 떠드는 방식으로 교육을 진행했던 게 항상 아쉬웠거든요. 근데 팀을 이뤄서 활동하니까 힘도 나고 재미있었어요.

두 번째 단체를 그만두게 된 계기는 무엇이었어요?

아무래도 디자인을 공부했으니까 문화 예술에 대한 욕구가 컸어요. 저는 무언가 만들어보고픈 욕구가 있었는데 단체에서 창작 활동을 하는 것은 한계가 많았어요. 그즈음에 성 소수자 주제로 잡지를 만드는 학교 선배들이 있었는데, 그걸 보면서 자극을 받아서 나도 저렇게 활동하고 싶다는 생각이 들었어요. 마침 비슷한 생각을 하는 친구를 만나서 작업물을 기획하고 만들어가고 있었어요. 근데 그걸 마무리할 때쯤 전에 사귀었던 친구를 통해 제가 성폭력 가해자란 걸 알게 되었어요. 사건이 커지면서 저와 함께 일했던 대부분의 동료도 이 사실을 알게 되었고요. 그게 제 인생에서 가장 힘들었던 경험이에요. 저는 지금까지 성폭력이나 성 소수자의 인권과 관련한 교육이나 활동을 해왔는데, 그런 제가 성폭력을 가한 거니까요. 당시엔 저조차도 그 사실을 받아들이는 것이 너무 힘들었어요.

특히 어떤 점이 힘들었어요?

'성폭력 가해자'라는 단어를 받아들이고 인정하는 과정도 힘들었지만, 그 정체성을 가지고서 앞으로 살아가야 한다는 게 제일 힘들었어요. 다양한 정체성이 제 안에 있지만, 그땐 그렇게 생각하기 어려웠어요. 제가 정말 혐오하고 비난해왔던 정체성을 갖게 된 경험은 처음이었고, 그게 오랫동안 저를 잠식했어요. 제가 해왔던 모든 일이 기만적으로 느

꺼지고, 이제까지 해왔던 활동도 앞으로 할 수 없을 것 같았어요. 인생이 틀린 것 같고, 앞으로 어떻게 살아야 할지 모르는 막막함과 고립감 때문에 괴로웠어요. 저는 사람들 만나는 걸 좋아하고, 새로운 사람 만나서 사귀는 걸 좋아하는데, 사건 이후로는 남들이 제가 성폭력 가해자라는 걸 알게 될까 봐 불안했어요. 사람들과 이야기 나눌 때는 과거 이야기를 안 했고, 만남을 최소화하고 주로 집에 있었어요.

사건 이후에 생계는 어떻게 해결했어요?

당시에 심적으로 너무 힘들어서 원래 하던 교육 일을 할 수가 없어서 친언니의 도움을 많이 받았어요. 미대 졸업장은 있으니까 미술학원에서 강사를 하기도 했고, 꽃집이나 식당에서 아르바이트를 하기도 했어요.

나아지기 위해 시도했던 것들이 있었어요?

초반에는 피해자들과 마주칠 가능성이 없는 지역으로 돌아다녔어요. 여기저기 잠깐씩 머물렀는데, 주로 봉사활동을 하면서 먹거나 자는 데 비용이 들지 않는 곳에서 지냈어요. 연극 만드는 곳에서 2개월 머물고 인도에 가서 4개월 정도 있다가 다시 한국 돌아와서는 지방에서 나물 캐면서 명상하는 곳에서 3개월 정도 있었어요. 그렇게 한 1년은 떠돌면서 보낸 것 같아요. 되돌아보니 머물렀던 곳이 다 조용하고 도시와 먼

산속에 있는 곳이네요.

그런데 아무리 환경을 바꾸고 돌아다녀도 일상적으로 사건이 떠올랐어요. 꿈에 종종 피해자들이 나오기도 해서 이제는 더 피하지 말고 전문가에게 상담을 받아서 이걸 마주하고 스스로 정리를 하자고 마음먹었어요. 그래서 상담 센터를 알아보고 피해자들과 공유했어요. 상담센터랑 사건의 내용도 공유하면서 상담을 받을 준비를 마쳤는데, 소통 과정에서 상담사의 감수성 없는 기계적인 태도에 크게 실망하게 됐어요. 그래서 이 상담을 진행할지 말지 고민하다가 당장은 하지 않기로 했어요.

그렇게 절망적이었을 때 도와준 사람은 있었어요?

두 사람이 떠오르는데, 마치 대리인처럼 조력자의 역할을 해준 친구와 친언니가 많은 도움을 줬어요. 그 둘은 이 사건이랑 아무 연관이 없는데도 절 많이 돌봐줬어요. 친구는 제 상황을 알게 되고는 거리를 두고 저와 피해자들의 입장을 모두 고려하면서 저의 입장 전달을 도왔어요. 이 상황을 잘 통과해 가자는 감정적 지지도 많이 주었고요. 친언니는 물질적으로 크게 도움을 줬어요. 그 외에도 대학교 동기들 그리고 예전 단체에서 알게 된 언니들이 안부를 묻고 때론 곁에 있어 줬어요. 이전에 일했던 단체에서 만났던 대표님도 생각나는

데, 상황을 쭉 보시고는 마음고생 많았겠다고, 잘 견디라고 말해주셨어요.

일상으로 돌아올 때까지 얼마나 걸린 거예요?

일상으로 돌아오기까지 2년, 그리고 다시 활동으로 복귀하기까지 3년 정도 걸렸어요. 사건이 있고 얼마 안 있어서 서지현 검사 미투 사건을 비롯해서 세계적으로 미투 운동이 불붙어서 여기저기서 '성폭력 가해자'란 단어가 많이 들렸어요. SNS에서 성폭력 가해자를 고발하거나 피해를 폭로하는 일도 많았어요. 그런 걸 보면 다 날 비난하는 것 같고 괴로워서 그런 정보는 일부러 차단했어요. 정말 괴로웠을 때는 혼자 집에 누워 있다가 여기서 죽어도 아무도 모를 것 같다는 생각을 자주 했었어요.

죽음에 대해서 많은 생각을 했나요?

죽음에 대해서 깊게 생각해본 시기이긴 해요. 한창 사건 중일 때는 피해자의 상황에 대해, 내가 상대방에게 가한 여러 폭력에 대해 생각할 마음의 여유가 없었어요. 내 상황이 너무 한꺼번에 변하게 되니까, 돌아볼 틈이 하나도 없었어요. 그러다 보니 자연스레 분노가 커졌어요. 피해자에게 원망이 안 들었다면 당연히 거짓말이에요. 그렇게 마음이 들끓을 때면 집에 가는 길에 한강 다리 위에서 멈춰 서서 '여기서 뛰어내리면 죽으려나' 하는 생각을 했어요. 당장 내 고통이 크니까 죽어서 이 고통이 얼마나 큰지 피해자가 알았으면 좋겠다는 짧고 이기적인 생각에 사로잡히기도 했어요. 그렇다고 막상 죽지도 못했지만요.

그러다가 진짜 앞이 깜깜했던 어느 날에 커터 칼로 손목을 살짝 그어본 적 있어요. 근데 상상 이상으로 너무 아픈 거예요. 그때 알았어요. 아, 나는 죽고 싶지 않구나. 속으로 매일 떠오르는 죽고 싶다는 말은 내가 그 정도로 고통스럽다는 걸 누군가 알아줬으면 하는 마음이라는 걸요.

앞으로는 뭐 하고 싶어요?

정세랑 소설에서 읽었는데, 꼭 못 놀아본 애들이 사고 친다고 하더라고요. 제가 10대 때 진짜 지루하게 살았어요. 한 번씩 다 드는 동아리도 안 들고, 학교에 골든벨 촬영 온 날에 반 애들이 신나서 강당에 뛰어갈 때도 혼자 교실에 박혀서 영어 단어 외우고, 연애하는 애들 한심하게 보고 그랬어요. 반장도 하고, 성적 잘 나와서 선생님들한테 이쁨 받는 걸 좋아했어요. 권력을 좋아하고 원했던 것 같아요. 가난한 건 아니었지만 어머니 아버지가 물질적으로도 심리적으로도 넉넉하지 못했던 게 저한테는 콤플렉스가 되었나 봐요. 어서 지위를 가져서 돈도 많이 벌고 있어 보이게 사는 게 목표였던 거 같아요.

근데 지금은 돈이고 뭐고, 제가 맘 편히 잘 놀았으면 좋겠어요. 만나면 자연스럽게 웃음이 터지는 친구들을 많이 만나요. 마음이 잘 맞고 안전한 이들과 모여서 공동체를 이뤄서 살고 싶기도 해요. 사람을 금방 판단하고 재는 마음의 습관이 있는데 그걸 무너뜨리는 연습을 하고 있어요. 혼자서도 애써야 하지만, 그런 마음의 훈련을 하게 하는 좋은 사람들 곁에 있으면 저절로 연습되기도 하는 것 같아요.

그렇게 안전한 일상 속에서 시간을 보내면 저 자신을 다그치거나 이래저래 판단해온 부분도 일부 변할 것 같아요. 인간이 어리석고 같은 실수를 반복한다고 하는데 다시는 같은 상황을 만들고 싶지 않아요. 그때와 같은 방식으로 타인을 대하는 걸 반복하면 저 자신이 끔찍하게 싫어질 것 같아요. 무언가 알아서 해결될 거란 마음은 내려놓고 떠오르는 생각들을 잘 기록해두고 싶어요. 그러면 제가 어떤 사람인지 더 잘 알게 될 것 같아요.

이상적으로 생각하는 공동체는 뭐예요?

쓰레기를 안 만들고, 일상과 자연의 연결점을 끊임없이 고민하고 바꿔가는 생태적 공감대가 있는 사람들이 모인 곳이에요. 돈은 적을 수 있지만, 마음은 풍요롭게 살아가고 싶어요. 가진 것을 나누고, 다양한 세대를 손님으로 초대하고 싶

어요. 인도에서 지냈던 생태공동체가 딱 그랬거든요. 사회적
으로 불리는 직함이 아니라 각자 가진 관심사로써 고유한 존
재로 존중해주고 존중받는 곳에서 살고 싶어요.

앞으로 어떻게 살고 싶어요?

주변에 폐 안 끼치며 살고 싶어요. 정말 상태가 안 좋았을
때 친언니에게 기본적인 생활을 의지한 적이 있어요. 언니가
정말 좋은 사람이라 많이 살펴주고 챙겨주었어요. 그때 언니
한테 매일같이 미안하다고 말했는데, 언니는 미안하면 앞으
로 네가 잘 살면 된다고 하더라고요. 그 말을 들을 때 눈물이
핑 돌았어요. 미안하다는 소리 안 하고 잘 살려면 어떻게 지
내야 하나 생각하다 역시 자신을 잘 돌보는 게 먼저라는 생각
이 들었어요. 나 스스로가 좋아지고 잘 살고 있다고 느껴지는
일상을 만드는 게 중요해요. 주변을 잘 정리하고, 밥을 맛있
게 해 먹고, 가진 것을 나누고, 날 살펴준 이들에게 고맙다고
편지하고. 이런 것을 하면 기분이 즐겁거든요. 물론 꼬박꼬박
하기 어려운 서울살이지만 항상 염두에 두고 살고 싶어요.

다음 생이 있다면 어떤 존재로 태어나보고 싶어요?

인간으로 태어난 거 자체가 죄 아닌가 생각할 때가 많아요.
다음 생이 있다면 세상에 해 끼치지 않는, 자기주장 없는 존
재가 되고 싶어요. 식물 같은 거요. 어디서 들은 얘기인데 식

물들은 서로 연결되어 있어서 산에 나무가 너무 많아지면 균형을 맞추려고 나무들이 어떤 방식으로든 불을 내서 공멸한다는 거예요. 그런 면에서 자연은 조화와 균형을 알아요. 그게 인간과 다르다고 생각해요.

더 하고 싶은 말 있어요?

아는 언니 중에 작가인 언니가 해준 말이 있는데 그게 참 기억에 남아요. "작업하는 게 얼마나 좋아. 사람들에게 피해도 안 끼치고. 작업은 그냥 어쩌다 툭 나오는 거고 사람들은 그 작가의 삶을 좋아하는 거야." 저도 그렇게 살고 싶어요.

2019년 10월 3일

기증이 가능한 저의 모든 신체를 기증하고 싶습니다.
머리카락, 장기, 눈알 등 성한 부위를 모두
필요한 다른 누군가에게 쓰여지길 바랍니다.

재산은 아래와 같은 형식으로 양도하려합니다.
부동산의 보증금은 저의 친동생에게 주거지용 보증금으로 쓸수있도록
양도합니다. 만약 이러한 형태로 양도 되지 않을 경우엔 다음과 같이 써주세요.
사랑하는 친자매 최순희와 저를 아껴준 김번지의 도움을 구합니다.
여성환경분야에서 활동하고 있는 활동가들의 삶이 다양한 방식으로
충전될수 있도록 두 분이 논의해 주셔서 기부금으로 사용해 주시길 바랍니다.

얼마 되진 않겠지만 가구나 가전제품, 쓸만한 옷가지들 ㄱ 살림살이들 모두
한국 초기 정착에 도움이 필요한 외국인 노동자 가방이나 관련 지원을 하고 있는
단체에 기부되길 바랍니다.

저의 육신은 화장을 해 주시고, 골분은 행복한 워큰기 서절 자주 갔던
용마산 여기저기에 뿌려주세요. 어떤 공간을 차지하고 싶지 않은 저의
바람을 이해해 주시길 부탁 드립니다.

그리고 사랑한다고 말해주세요. 혹시나 떠올리실 때마다.
저는 많은 사랑을 받고 살았습니다. 그러나 목소리로 듣고 싶었어요
그게 조금 아쉬웠나 봅니다. 사랑한다고 말해주세요.
저도 사랑합니다.

7

#워킹홀리데이
#두바이호텔
#미얀마호스텔
#지금은제주

"

  제가 어떤 쳇바퀴에서 벗어난 게 제일 행복하냐면
요. 옛날에는 캠핑하면 캠핑용품을 뭘 살지부터 생
각했거든요. 근데 해외에서는 남자친구랑 그냥 빌
린 자전거에 침낭 싣고 배낭 하나씩 메고 캠핑을 하
러 가곤 했거든요. 근데 그 경험이 너무 재미있는 거
예요. 근데 한국은 캠핑이라 하면 촬영하듯이 소품
까지 완벽하게 갖춰서 캠핑을 하러 가잖아요. 저는
그것에서 벗어난 것에 가장 만족해요.

"

언제부터 미대를 준비했어요?

중학교 때부터 대안적인 것과 잡다한 것에 관심이 많았어요. 이해도 못 하는 프랑스 영화 같은 것을 보기도 했어요. 주변에 핑크 플로이드의 음악을 권하는 친구들도 있었어요. 음악이 사실 음악으로만 듣는 게 아니라 표지 디자인부터 의상까지 관통하는 컨셉 같은 게 있잖아요. 그런 거에 관심이 가기 시작해서 디자인이라는 게 지금으로 치면 되게 쿨하다는 느낌을 받았어요. 디자인의 본질이라든가 하는 거에 관심이 있었다기보다는 나를 다르게 만들 수 있는 하나의 방법 같은 거라고 생각했어요. 그래서 고등학교 1학년 때부터 미대 입시를 시작했던 것 같아요.

대학교에 가보니 어땠어요?

솔직히 대학교 가서 많이 놀랐던 게, 저는 지식인까지는 아니어도 지식을 쌓고 배우고 나누는 그런 종류의 교육이 이루어질 거라고 생각했어요. 근데 대학 교육도 주입식 교육의 연장선상에 있었어요. 특히 저를 힘들게 했던 건 사실 — 유교 문화라고 하고 싶지는 않은데 — 군대 문화와 다를 바 없는 서열 문화였어요. 신입생 환영회 한다고 선배들이 후배한테 죽도록 술 먹이고, 오리엔테이션 같은 데 가면 1, 2학년이 당연하게 일하는 그런 문화요. 저는 그런 문화에 반감을 많이 가지고 있었거든요.

고등학교 때 깨어 있는 질문을 던져주는 선생님이 한 분 있었어요. 국어 선생님이셨는데 질문을 통해 생각할 거리를 많이 던져주셨어요. 너희들은 왜 학교가 네모 모양으로 지어져 있는지 아니? 너희가 왜 교복을 입어야 한다고 생각을 하니? 이런 질문들요. 대학교에 가면 당연히 이런 깨어 있는 사람들이 많을 거라고 생각했어요. 게다가 디자인과면 다르겠지 하고 갔는데 고등학교랑 다를 게 없어서 답답함을 많이 느꼈어요.

그리고 과제를 발표하기 위한 문서에 많은 시간을 들이는데, 그 시간이 너무 쓸데없는 것 같고 아까운 거예요. 출석도 엄청나게 중요해서, 디자인 방향성과 결과가 좋았던 친구들보다 출석 잘하고 중간과제를 제때 낸 성실한 친구들이 좋은 성적을 받는 시스템이었어요. 회사를 잘 다닐 수 있는 인재 양성이 목표였으니까 그랬겠죠.

대학 생활은 생각대로 잘 안 되었나요?
입시를 끝낸 뒤에 인생에 큰 좌절감을 일으키는 일들이 연속해서 일어나서 방황을 많이 했어요. 저는 사실 고등학교 때까지는 전형적인 우등생은 아니었어도 학교에서 인정받는 사람이었거든요. 흔히 말하는 홍대나 국민대 서울대 같은 디자인과가 유명한 대학교를 준비했었는데, 결국 가게 된 학교는 마지노선으로 생각했던 학교였어요. 시작부터가 실망감이 커서 인생은 생각했던 대로 풀리지도 않고 내 마음대로 되는 것도 아니라는 걸 느꼈어요.

20대 초반에는 가족이라든가 개인적인 인간관계에 만족하지 못해서 사람에 대한 불신도 커지고 자존감도 낮아져 있는 상태였어요. 저 자신이 패자라고 생각하면서 무기력하게 있었던 기간도 길었어요. 뭘 해도 하기가 싫었고, 그때 우울증도 경험했고요. 아무도 나를 이해 못 해주는 거 같아서 그냥 술 마시고 놀고 잊어버리려고 했어요. 그때 우울하면 혼자서 페스티벌 같은 데 많이 갔어요. DJ 페스티벌이라든지... 뭔가 새로운 것, 그전에 없었던 것을 마주하고 마음을 열어놓고 느끼고 받아들이는 것을 계속했어요. 재생산한다거나 창작을 하지는 않았는데 이런 걸 하는 사람들이 있다는 걸 많이 느꼈죠. 한편으론 정작 나는 뭘 해야 할지 모르겠다는 생각이 계속 들었지만요.

그 후에는 뭘 했나요?

고등학교 때는 하라는 것 잘하는 스타일이었어요. '시험 점수 잘 받아 와' 하면 열심히 해서 점수 잘 받아 가면 되었어요. 근데 대학교에 오고 나서는 이제 뭘 해야 할지 모르겠는 거예요. 대기업에 가야 하나? 대기업에 갈 수는 있을까? 대기업에서 무슨 디자인을 해야 하지? 그건 내가 진짜 하고 싶은 건가?

이런 질문이 막 떠올랐어요. 사실 저는 디자인 배우면서 기획을 한다거나 큰 방향을 잡아가는 것은 재미있어했는데, 컴퓨터 앞에서 작업하는 걸 되게 힘들어했었거든요. 예를 들어 브랜드 방향성을 잡고 기획하는 데는 흥미를 느꼈지만, 디자인 자체는 재미가 너무 없는 거예요. 지금은 제가 어떤 사람인지 이해를 많이 했는데 20대 초반에는 저 자신을 어렴풋이만 알고 있었어요.

저는 그때 누군가가 나에게 "넌 디자인을 뽑아내는 건 잘 못하지만 기획 쪽으로 가면 좋겠다. 그러니까 네가 디자인을 못한다고 해서 좌절할 필요도 없고 네가 루저라고 생각할 필요도 없어."라고 말해줬다면 대학 생활이 좀 더 수월했을 거 같아요. 그런 이야기를 나눌 사람도 없었고 저 자신이 깨닫지도 못했고... 그러면서 학교를 잘 안 나가게 된 거예요. 부모님으로서는 '어렸을 때는 걱정 안 시키던 딸인데 대학교 가서부터 애가 왜 이러지' 하고 생각하셨던 거 같아요. 담배 피우고 술먹고 놀고 집에도 잘 안 들어가고 가끔은 질질 짜며 울기도 했어요. 그때 도저히 이렇게 못 살겠다 싶어서 호주로 워킹 홀리데이를 가게 되었어요.

호주 갔던 게 몇 살 때예요?
한국 나이로 25살이었던 거 같아요. 호주에 갔더니 다른 방법으로 사는 친구들이 많아서 거기 있으면서는 누구의 딸, 어떤 대학교에 다니는 사람이 아니라 나 자체로 있을 수 있는 거예요. 뭘 해도 저지하지 않고, 관심도 없고, 잣대 들이밀고 평가하는 사람도 없었어요. "어 이거 나쁘지 않네?" 그때 호주에서 바리스타로 카페 두 군데에서 일했거든요. 제가 생각보다 서양 문화랑 잘 맞았던 거 같아요. 외국에서 한번 살아보자는 생각이 들었어요. 사실 호주에서는 아르바이트 몇 개만 해도 생계유지가 가능하기도 했고요. 공사장에서 일을 해도 돈을 모으기가 쉽고요. 한국 시급은 4~5천 원 할 때 호주는 시급이 23달러였어요. 그리고 무엇보다 사람들이 저를 좋아해줬어요. 바리스타 일을 하면서 다른 나라 사람들과 소통하는 게 재미있었고, 서비스 직종이 저와 잘 맞을 수도 있겠다는 생각이 들었어요. 그래도 대학 졸업장은 있어야 하지 않을까 해서 호텔학교를 알아봤어요.

그때 호주에서 만난 남자친구가 독일인이었는데 공사장에서 일하고 있었어요. 근데 근처 은행원들이 수트를 입고 출퇴근하는 걸 보고 자기도 저렇게 일해보고 싶다는 생각을 많이 했대요. 독일로 돌아가서 관련 공부를 하고 싶어 했는데, 저도 호스피털리티를 배우고 싶어서 같이 독일로 가서 공부를 시작했어요. 호스피털리티가 우리나라로 치면 호텔 경영과 비슷해서 케이터링부터 식음료 서비스까지 배워요. 근데 거기에서 만난 친구들은 5성급 같은 화려한 호텔에서 일하고 싶어 하는 친구들이 많아서 성향이 너무 다른 거예요. 저는 사실 로컬의 일에 관심이 많았거든요. 그래서 저는 케냐, 싱가포르에서 온 친구들하고 친했어요. 졸업 후에 운이 좋게 두바이 리츠칼튼에서 7~8개월 정도 인턴십을 하게 됐어요.

두바이 인턴십 경험은 어땠어요?

호텔에서는 돈이 정말 많은 VIP를 전담해서 서비스하는 일을 했어요. 보통 VIP는 명성이 있고 평판도 중요해서 그런지 진상 고객은 없었어요. 사실 저도 제 이력서에 리츠칼튼을 적고 싶어서 갔던 건 맞아요. 5성급에도 여러 호텔이 있는데 여기면 좋은 경험이 되겠다는 생각이 들었거든요. 다국적이고, 상하 관계 없이 평등한 분위기라 일하기 좋은 환경이었는데 저와는 안 맞았었나 봐요. 두바이 호텔에서 어떤 사람을 판단할 때는 그 사람의 지위와 부가 기준이 되니까요. 저는 사실 여행자로서는 호텔보다는 호스텔을 좋아했어요. 게다가 제가 자연을 좋아하는데, 두바이 자체가 자연과 동떨어져 있어서 인공적인 느낌이 많이 들더라고요. 그래서 그랬는지 일하면서 공황장애가 오기도 했어요.

공황장애는 어떤 상황에서 왔나요?

호주에서부터 만났던 남자친구랑 6년 동안 만났어요. 제 인생에서 누구를 그렇게 사랑해본 적은 처음이었을 거예요. 그 친구가 저에게 아빠였고, 남자친구였고, 남동생이었고, 오빠였을 정도로요. 호주에서 만나서 같이 여행도 다니고 그러다 독일로 가서 각자 공부를 하고... 가장 변화가 많은 파란만장한 시기에 만나서 그랬는지 제가 심적으로 엄청나게 의지했었던 것 같아요. 공부하다가 저는 두바이로 인턴을 하러 갔고 남자친구는 홍콩에 가게 되었어요. 물리적인 거리가 멀어진 것도 힘든데 어느 날 그 친구가 헤어지자고 했어요. 저는 이제 막 두바이에 도착해서 다국적인 사람들 틈에서 적응하고 있던 때였거든요. 일주일에 6일을 일하고 있어서 체력적으로도 힘들었고요. 또 당시에 숙소가 스태프 하우스라고 해서 여럿이서 함께 쓰는 룸이었는데, 그렇다 보니 전혀 사생활이 없었어요. 같이 일하고 같은 버스를 타고 돌아와서 방에 들어가면 동료들이 있는 거예요. 한창 힘들 때 제가 전적으로 의지했던 사람이 이제 같이하지 못하겠다고 하니까 너무 힘들었어요.

어느 날 로비에 서 있었는데 도저히 더는 서 있지 못하겠는 거예요. 정상적인 사고가 안 되고 나 이러다 죽겠다 싶은 거예요. 양호실로 가서 숨을 헐떡거리고 횡설수설하니까 간호사가 산소마스크를 주면서 이거 끼고 앉아 있으라고 하더라고요. 지금 'panic attack' 상태라면서 가만히 앉아서 숨 쉬면 괜찮아질 거라고 하더라고요. 그렇게 앉아서 한 시간 동안 울고 괜

찾아지니까 또 일했죠. 지금은 괜찮아졌어요. 예전에는 남자친구한테 정신적으로 너무 의지해서 서로가 힘든 느낌이었다면 지금은 제 두 발로 온전히 서 있는 느낌이거든요.

호스텔 일은 어떻게 하게 되었어요?

인턴십이 끝나자 미얀마나 베트남 같은 동아시아 쪽에 가서 일해보고 싶다는 생각이 들어서 알아보기 시작했어요. 그러다가 제가 정말 가고 싶었던 브랜드 호스텔에서 연락이 왔어요. 스카이프로 면접 보고 붙어서 미얀마 호스텔에서 약 2년 정도 일했어요. 처음엔 리셉션 매니저로 일했는데 운 좋게 더 많은 책임을 얻게 되어서 우리나라로 치면 총지배인 같은 호스텔 매니저로 일했어요. 그때 보이지 않는 무언가가 자연스럽게 제 인생을 이끌어준다는 느낌이 들었어요.

호스텔 일은 어땠어요?

호스텔 운영에 있어서 백패커 트렌드를 파악하는 게 중요했는데, 저 자신이 백패커여서 잘할 수 있었어요. 게다가 디자인과 호텔 경영을 배웠었고, 바리스타, 레스토랑 같은 서비스 업무도 경험했었으니까 제가 배웠던 모든 것들이 쏟아져 나오면서 시너지를 낼 수 있는 곳이었어요. 살면서 항상 몸에 안 맞는 옷을 입고 있는 것 같았는데, 미얀마에서 드디어 내 몸에 맞는 옷을 찾은 느낌이었어요. 일하면서 드디어 누군가가 내 가치를 알아주는구나 싶고, 인정받는 기분이 들어서 너무 좋았어요.

반면에 친구가 없었던 게 힘들었어요. 털어놓고 나눌 수 있는 사람이 단 한 명도 없다는 건 정말 힘든 일이에요. 문화생활을 할 만한 미술관이나 공연장도 없는 곳이다 보니까 쉴 때는 오토바이 탄다거나 등산을 하러 간다든지 하는 것으로 견뎠어요. 시간은 많고 직급은 올라가다 보니까 일만 했고요. 간혹 호스텔에 온 사람들이 친구가 되기도 했지만 친해져도 언제든 떠날 사람들이 대부분이었으니까요.

또 한 가지, 내 가치관에 맞고 나를 인정해주는 데서 일하다 보니까 제가 저 자신과 이 호스텔을 동일하게 생각하게 되는 거예요. 자꾸 저의 가치를 호스텔에서 찾으려고 하게 되더라고요. 매출이 줄어든다거나 방문자들의 평가가 안 좋으면 너무 괴롭고 팀원들이 나의 가치를 떨어뜨리는 사람들로 보였어요. 한번은 매출이 떨어져서 인원 삭감을 해야 했는데, 그렇게 사이가 좋았던 사람들이 하나의 인력, 부품, 숫자로 보이더라고요. 내가 도대체 뭘 하는 것인가 싶고 스스로에 대한 실망감이 많이 들었어요. 그 후로 매출이 떨어지면 고정비인 인건비를 줄여야겠다는 생각을 하게 되는 저 자신이 싫더라고요.

살면서 힘들었던 관계가 있었나요?

사실 저는 아빠랑 애증의 관계예요. 다른 사람들은 아마 무척 다정한 아빠라고 생각할 것 같은데 제가 보는 아빠는 뒤틀린 뭔가가 있는 사람 같아요. 심지어 저는 살면서 제일 심한 폭언을 아빠한테 들었어요. 제가 예전에 아빠한테 우리 가족은 '가족이 아니라 기업'이라고, 자식들은 월급 주는 사원이고 엄마도 그냥 가정부 아니냐고 말한 적이 있어요. 왜냐하면 아빠가 저를 대하는 방식이 '내가 돈 주니까 네 할 일 하고 내 말 들어. 싫으면 나가'처럼 느껴졌거든요. 한창 공부할 때에도 엄마 아빠가 자주 싸우셨어요. 제가 느끼기에는 아빠의 분노는 자아가 형성될 때 뭔가 뒤틀려서인 것 같았고, 자아실현이 안 되고 자기 자신의 감정을 미뤄둔 상태 같았어요. 아빠랑 대화가 잘 안돼서 지금은 포기한 상태예요. 그런데 생각해보면 저도 아빠에 대해서 잘 모르고 아빠도 저에 대해 잘 모르더라고요. 저는 아빠가 뭘 좋아하는지도 모르겠거든요. 지금은 거리를 두면서 적당한 사이를 유지하고 있어요.

특히 어떤 부분에서 갈등이 심했어요?

우리 아빠는 남들에게 어떻게 보이느냐가 너무 중요한 사람이에요. 저를 만나면 옷 좀 사 입으라는 말을 많이 해요. 제가 해지고 낡은 옷이 많아서 싫으신가 봐요. 부모님은 대기업 다니는 직장인처럼 입고 다니는 걸 제일 좋아하시거든요. 리츠 칼튼에서 인턴 한다고 했을 때 얼마나 좋아하셨는지 몰라요. 그나마 아빠를 조금 이해하게 된 건 친할머니 때문이에요. 우리 집은 친할머니랑 같이 살았어요. 친할머니는 북에서 넘어오셨는데, 집에 돈은 하나도 없는데 육 남매 중 장녀라 동생들을 다 책임져야 했대요. 할머니는 동생들을 위해, 자식들을 위해 돈을 아껴야만 했던 거예요. 우리 할머니는 누가 봐도 자린고비 중의 자린고비거든요. 제가 봤을 때는 우리 아빠가 자린고비 엄마 밑에서 욕망을 너무 억눌러서 물건 사는 것에 집착하게 된 것 같아요.

근데 할머니가 치매에 걸리시면서 기억을 잃고 아집과 습관만 남으셨어요. 할머니 장롱의 서랍을 열면 휴지가 가득했어요. 할머니는 코 푼 거, 뭐 닦은 휴지 같은 걸 안 버리고 서랍에 넣어놔요. 두유 같은 것에 달린 빨대 같은 것도 다 모으시거든요. 우리 아빠는 그런 거에 진절머리가 난 거예요. 저는 그러니까 극단적으로 다른 가치관을 지녀 갈등하는 아빠랑 할머니, 그리고 매일 싸우는 엄마와 아빠 사이에서 자라났어요. 거기에 친할머니는 또 엄마를 괴롭히고 하는 속에서요. 저는 항상 고함이 왔다 갔다 하는 속에 있었어요.

대학교 때 우울증이 심각해진 적이 있었는데 부모님이 전혀 이해를 못 하는 거예요. 유난 떨지 말라고, 다들 그렇게 산다고 말씀하셔서 부모님께 대든 적이 있어요. "왜 낳았어? 대체 왜 낳았어? 진짜 목적의식이 있어서 낳은 거야 아니면 그냥 생겨서 낳은 거야? 지금 내가 겪은 고통이라든지 이런 걸 한 번이라도 생각해본 적 있어? 나를 낳을 때 인간으로서 고민해본 적 있어?" 이런 이야기를 쏟아낸 적이 있어요.

사실 전 살면서 남자친구가 없었던 적이 거의 없었고, 내가 의지할 수 있는 남자가 항상 있었어요. 제가 듣는 음악이라든가 가치관은 제가 만나왔던 남자들에게서 영향을 받은 게 많아요. 남녀 구분하고 싶지 않지만, 저는 질투심이나 시기가 있는 여자애들을 이해할 수 없었고 그래서 남자친구랑 더 친했던 것 같아요. 지금 와서 느끼는데, 마음이 잘 맞았던 친구들은 주로 이방인이었던 것 같아요. 부모님이 이민자라든가 일본에서 오래 산 유럽 사람이라든지... 주류보단 비주류의 사람들과 말이 통했던 거 같아요. 주류에 대한 반발심이 있어서 그런 것 같기도 하고, 정착하지 않고 계속 변화를 꾀하는 성향이라 그런 것 같기도 해요.

서울에 오랜만에 오니까 어때요?

서울에 오랜만에 왔더니 너무 많이 변한 게 느껴져요. 공익 광고에서 가족에는 여러 형태가 있다고 하는 거 보고 한국이 많이 변했다고 생각했어요. 따릉이 같은 시설도 너무 편하고, 전반적으로 안전하다고 느끼게 하는 것 같아요. 한국은 경제 성장도 진짜 빨리 했는데 시민의식도 빠르게 발전하는 거 같아요. 헬조선이라고들 표현하는데, 외국 생활 해보니까 사실 그렇게 먹고살기 힘든 나라는 아니라는 생각이 들어요. 단 하나, 남 얘기만 신경 안 쓰면 돼요. 사실 한국 오기 전에 고민 많이 했던 부분이, 한국에 오면 주류 문화라고 하는 데 휩쓸려버리지 않을까 하는 거였어요. 내 가치관이 흔들리지 않았으면 좋겠다는 생각을 많이 해요. 다행히 자기 소신에 따라 사는 사람이 많아지고 있는 거 같아요.

원하는 방향대로 살다 보니 사는 게 나아졌나요?

정말 좋아졌어요. 저는 요즘에 그냥 저 자신이 좋더라고요. 예전에는 바꾸고 싶은 게 너무 많았거든요. 옛날에는 가슴이라든지 다리라든지 몸에 대한 콤플렉스도 정말 심했거든요. 지금은 제가 하고 싶은 거 하면서 사는 게 너무 좋아요.

제가 어떤 쳇바퀴에서 벗어난 게 제일 행복하냐면요. 옛날에는 캠핑하면 캠핑용품을 뭘 살지부터 생각했거든요. 근데 해외에서는 남자친구랑 그냥 빌린 자전거에 침낭 싣고 백팩 하나씩 메고 캠핑을 하러 가곤 했거든요. 부탄가스 같은 장비가 아니라 그날 먹을 빵이랑 잼 정도 챙겨서 가볍게 가는 거예요.

근데 그 경험이 너무 재미있는 거예요. 근데 한국은 캠핑이라고 하면 촬영하듯이 소품까지 완벽하게 갖춰서 캠핑을 하러 가잖아요. 저는 그것에서 벗어난 거에 가장 만족해요.

그리고 제가 생각보다 다른 사람만큼 많은 물건이 필요한 사람이 아니더라고요. 화장도 아이라인, 섀도 하나, 립스틱 하나로 끝이고, 다 쓰면 사러 가는 정도거든요. 2층 침대 있고 소파 하나, 화장실 하나만 있어도 살아갈 수 있고, 그게 심플하고 편해서 좋아요. 외국으로 이동을 많이 하면서부터는 짐이 많이 줄어서 지금은 60리터 캐리어 하나랑 백팩 하나가 제가 가진 짐의 전부예요.

가까운 시일 내에 죽는다면 해보고 싶은 일이 있어요?
시간이 있다면 한라산 근처에 방 두 개짜리 집을 얻고 싶어요. 찾아오는 모든 사람한테 아침을 차려주고, 아름다운 등산로로 안내할 거예요. 좋은 음악을 들으면서 막걸리도 나눠 마시고 싶어요. 이걸 한 달 내내 할 수 있다면, 그러면 정말 여한이 없을 것 같아요.

이렇게 이세상에 내려오는 것, 또 떠나가는 것중
내 마음대로 할 수 있는 것 하나 없었음에도,

페라리도 없고,
서울 역세권 전세집 마저도 없고,
대기업 다니는 남편은 물론 전교 10등안에 드는 자식도 없고,
인스타 팔로어는 1000명도 안되어 날 기억해줄이
1000명도 못되지만,

자타 당 포스터 한장씩,
너무나 사랑한 이들에게서 반은 닳고닳은 편지 몇장과
내 인생교과서, 표절시비 책 박인규의 상비 슈퍼스타즈가
지금 내가 가진것의 다지만,

나름대로 부러견을 떨어
보고 싶은 것
안기고 싶은 것
맡고 싶은 것
듣고 싶은 것
꾸역꾸역 찾아내 보고, 안기고, 맡고, 듣어서,

울고 싶을때 저랄앗게 울고,
화빼고 싶을때 이친사랑 처럼 화빼고,
웃고 싶을 때 밤상이 떠나가라 웃어서,

오장육부 다 꺼삐벼여 사랑의 맹세도,
칼날을 돌에 갈여 증에 차 보기도,
그리움에 사우쳐 어두운 방안에 장앗비를 내리기도
했어서,

이렇게 이세상에 써려다는것, 또 떠나가는 것중
내 마음대로 할 수 있는것 하나 없었음에도,
나쁘지 않았다.
정말 나쁘지 않았다.
정말 나쁘지 않은 삶이었다.

— 2019. 9. 1

8

#디지털마케팅

#웹툰

#엄마

#다이어트

"

  사실 일이 잘 안 풀릴 때마다 '엄마가 없어서 내가 이렇게 됐어'라고 핑계도 많이 댔어요. 그러다가 엄마가 나의 이런 모습을 바랐을까 생각하면 눈물이 많이 났어요.

"

어떤 일을 하고 있나요?

첫 회사는 IT 회사였는데, 어쩌다 보니 광고 분야로 흘러왔어요. 지금이 세 번째 회사인데, 디지털 마케팅 기획을 한 지 2년이 넘어가요. 구체적으로는 기업 SNS 계정의 콘텐츠를 기획하고 운영하는 일을 해요. 페이스북 채널을 예로 들면 주 3회 포스팅할 콘텐츠를 기획해서 클라이언트와 협의하고 외주를 맡겨 콘텐츠를 만들어 포스팅해요. 1년이면 150개 이상의 콘텐츠가 만들어져야 하는데, 고정적이면서도 매일매일 새로워야 하는 일이에요. 예전에는 단컷 사진 위주였는데 요새는 비디오 시대라 영상 콘텐츠를 원해요. 그래서 시나리오를 쓰고 스토리보드를 만들어서 제작하고 있어요.

지금 하는 일에는 만족해요?

제가 원래 공대에서 반도체 관련 과에 다녔어요. 대학교 때는 직업에 대한 개념도 없었고, 취업 과정에서 자소서 쓰고 인·적성 보면서 자괴감이 심하게 들었어요. 내가 너무 못난 인간이라 기업에서 안 받아주나 하는 생각을 자주 했어요. 그러다가 학점 채우기용으로 들었던 '광고의 이해' 수업에서 A+를 받으면서 잘하는 걸 발견했다는 기분이 들었어요. 그리고 만화 그리는 게 취미여서 막연하게 광고 쪽이 나랑 맞을 거라고 생각했어요. 전공과 무관한 일로 흘러 들어온 것 같긴 하지만, 막상 전공을 살려서 일했어도 여전히 비슷한 고민을 하고 있을 것 같기도 해요. 그래도 지금 하는 일이 그때의 나에게 최선의 선택이 아니었을까 하는 생각이 들어요.

그럼 대학교 때는 취업 준비가 가장 힘들었던 건가요?

대학교 2학년생일 때 너무 죽고 싶다는 생각이 들었는데, 한편으로는 내 인생이 너무 억울하고 아까워서 엄청 울었어요. 대학교에 들어오면 뭔가 새로운 세상이 펼쳐질 줄 알았거든요. 제가 중학교 때 어머니가 돌아가셔서 그런지 엄마가 없어도 잘 산다는 걸 보여줘야 한다고 생각하면서 열심히 살았던 것 같아요. 부모님이 다 있는 다른 애들보다 잘되어서 좋은 삶을 산다는 걸 증명하고 싶었던 마음이 있었나 봐요.

저는 사실 특출나게 잘하는 것도 없고 그냥 다 중간이었거든요. 그 외에는 만화 보는 거 좋아하는 그냥 평범한 애였어요. 공부를 엄청나게 잘하는 건 아니었는데 고등학교 때 반짝 열심히 해서 1등이 된 적이 있어요. 그 자리를 잃기 싫어서 공부를 열심히 하기 시작했어요. 공부를 열심히 했던 것도 대학만 가면 인정받을 수 있을 것 같다는 헛된 기대 때문이었던 것 같아요. 대학교만 가면 집에서 벗어나서 서울에서 자취도 할 수 있을 것 같고, 살도 많이 빼서 예쁜 신입생이 될 수 있을 거라고 생각했거든요. 여러 명 모이는 자리도 많이 가고 싶었고요. 소위 '인싸' 같은 대학생이 되고 싶었던 것 같아요. 그런데 생각대로 되지 않았어요. 실망감이 너무 커서 1, 2학년 때 공부도 하지 않고 잠수도 많이 탔어요. 대학 생활에 대한 기대가 많이 컸었나 봐요.

공부 열심히 해서 대학교 갔는데 왜 자신감이 없었어요?

사실 딱히 목표가 있었다기보다는 '서울에 있는 대학교에 가야' 정도였던 것 같아요. 아빠가 전기 관련 일을 하시거든요. 그래서 그냥 아무 생각 없이 공대 지원했던 것 같아요. 한편으로 우주, 천문학 같은 데도 관심이 있었는데 흔하지 않은 걸 해서 튀고 싶었던 마음도 있었어요. 인정받고 싶은 마음이 커서였는지 외모 콤플렉스도 심했어요. 지금도 다이어트를 하고 있어요.

사실 다년간의 운동과 포기하지 않는 노력으로 많이 뺀 상태예요. 저 자신이 뚱뚱하고 못생겼다는 생각을 계속 해왔어요. 자신감이 없으니까 앞머리 내리고 마스크 쓰고 얼굴을 최대한 가리고 다녀서 교수님들도 다 알았어요. 다이어트해야 하니까 밥도 친구들하고 따로 먹고... 지금도 운동을 열심히 하면서 더 나아지려고 노력해요. 저는 눈바디란 말을 익숙하게 쓰는데, 모르는 사람들도 있다는 게 충격이었어요. 심지어 그때는 콤플렉스가 너무 심해서 연애를 할 수 있다고는 생각도 안 했어요. 당시에도 살을 빼야 연애를 할 수 있다고 생각했던 거 같아요.

대학교 때 곁에 있어줬던 사람은 있었어요?

그 질문도 되게 어려운 게, 친한 게 뭔지 잘 모르겠다고 해야
할까요. 저는 엄마가 돌아가신 것을 대학교 졸업할 때까지도
친구들한테 오픈한 적이 없어요. 부모님 없이 자란 것 같은...
그런 걸 알리고 싶지 않았어요. 남이 우연히 알면 아는 거지 내
입으로 알리고 싶지는 않았어요. 근데 한편으로는 좀 이중적
인 마음도 있었던 것 같아요. 누군가 위로해줬으면 좋겠다는
마음. 그러면서도 동정받고 싶지 않은 마음. 요즘은 카톡 프로
필이나 SNS로 마음을 대변하잖아요. 당시에는 그런 거 티를
안 내면서도 누군가 알아주길 바랐던 것 같아요. 그러다가 또
우울해지고. 그래서 '그런 걸 털어놓으면 친해질까?' 하고 생
각하기도 했어요. 사실 그걸 말해도 달라지지 않아야 좋은 관
계죠. 그때는 제가 좀 폐쇄적이었나 봐요.

대학교 때 재미를 느꼈던 일은 뭐였어요?

제가 그나마 했던 게 만화 동아리에서 원고 그리는 일을 한
거예요. 원래 드럼 같은 활기찬 거 해보고 싶었는데 외모 콤
플렉스 때문에 해보진 못했고, 만화 동아리는 원래 하던 거라
서 쉽게 접근했어요. 선배가 시나리오를 주면 그림을 그리기
도 하고, 제가 직접 그려서 만든 책으로 코믹월드에 나간 적

도 있어요. 만화에는 약간의 자신감도 있었고, 그림을 잘 그리면 날 좋아하는 사람이 생길 수도 있다는 기대를 내심 했던 것 같아요. 근데 그게 마음대로 안 돼서 실망을 많이 하고 그림을 접었다가 저 혼자 동아리 회지에 그림 원고를 그렸었는데, 예전보다는 더 잘 그렸었나 봐요. 동아리 내 사람들의 이야기를 소재로 해서 그린 거라 그랬는지 사람들이 재미있다고 해줬고 공감도 많이 얻었어요. 그게 대학교 때 가장 열심히 했던 일이에요. 그렇게 잘 그리진 못해도 열심히 했던 것만큼은 뿌듯했어요.

그때 처음 창작에 관련된 경험을 해본 건가요?

그때 경험이 쌓여서 지금 직업이랑 연결된 것 같기도 해요. 사실 첫 회사는 아빠가 어딘가에 꽂아준 거였거든요. 좋게 말하면 추천이겠고요. 그렇다고 조건이 엄청 좋았던 건 아니고요. 박봉에 전공과도 무관했어요. 그래서 그냥 마지못해 사회생활을 시작한 기분이었죠. 저는 개발 언어를 배운 적도 없어서 회사에서 저를 교육해보려고 안드로이드, Java 교육을 보내줬는데 하나도 모르겠는 거예요. 그래서 개발자에서 IT 기획으로 보직을 옮기게 되었어요. 지금으로 치면 UX 디자인일 텐데 홈페이지 개발 전에 시나리오 개발 업무를 했어요. "웹사이트 만들어야 하는데 네가 그려봐." 해서 그 일을 하게 된 거예요. 그거 그리는 사람이 저밖에 없었고, 당시에는 UX 디자인 개념이 없었거든요. 제가 페이지 그리면 개발자들이 나눠 가져가서 페이지마다 개발하고 그랬어요. 그 후에 흘러 흘러 광고 기획 일을 하게 되었어요.

회사 다니면서 힘들었던 일은 어떤 거였나요?

학교 친구들은 거의 삼성, 엘지 같은 대기업에 갔거든요. 대기업 입사 시험에서 떨어지면 취업난이 시작되는 거였죠. 저만 낙오한 기분이 들어서 잠수도 여러 번 탔어요.

첫 회사 들어가서도 술 많이 마시고 항상 울고 그랬던 것 같아요. 혼자 마신 적도 있고, 다른 부서 사람들이랑도 술 자주 마셨어요. 미친 듯이 울기도 하고... 지금 생각하면 짐승 같았던 것 같아요. 술 취해서 전화해서 울고. 들어줄 것 같은 사람한테 그냥 전화해서 울고 그랬어요. 지금 생각하면 진짜 진상이었는데, 그때는 진상인 줄도 몰랐어요. 피해를 주겠다는 생각을 하기도 전에 제가 너무 힘들어서 그랬어요. 지금 생각하면 정말 미안하고 고마워요. 나는 실패자고, 죽어야 하고, 쓰레기 같고 하는 얘기를 많이 했던 것 같아서요.

열등감의 근원이 뭐였을까요?

저도 아직 진지하게 생각해본 적은 없어요. 사실 정리가 잘 안돼요. 제가 이상적으로 어떤 모습을 그린 건 없는데, 저는 비교 대상이 너무 많았어요.

이 친구랑 있으면 이 친구에 비해 못났고, 저 친구랑 있으면 저 친구에 비해서 못나 보이고, 자꾸 그렇게 생각하게 되는 거예요. 이상한 열등감 — 살도 찌고 취업도 아직 못 했고, 잘하는 것도 없고, 그런 데다가 엄마도 없고, 가족관계도 안 좋고 — 이런 것들 때문에 저 자신이 뭔가 부족한 사람처럼 느껴졌어요.

어머니 이야기를 해줄 수 있어요?

엄마가 평소에 아팠는데 아프다고 티를 안 내셨어요. 어느 날 병원을 가셨는데 암이었어요. 저는 중학생이라 학원 열심히 다닐 때였는데, 엄마가 작은 병원에 갔다가 큰 병원으로 옮겼어요. 아버지가 엄마 병원에 저를 자주 데려가지도 않았었고, 엄마가 어떻다고 얘기해준 적도 없었어요. 그러다가 친척이 엄마가 너무 안 좋으실 수도 있다고 이야기해줘서 그때서야 '엄마가 죽을 수도 있는 건가' 하고 생각했어요. 사실 그때는 죽음이 뭔지도 잘 몰랐어요. 우리 집은 엄마 아빠가 맞벌이라서 사실 별로 이야기할 시간도 없었어요. 그러다가 어느 날 학원 가려는데 병원에 빨리 가야 한다고 연락이 와서 가보니까 엄마는 이미 돌아가시고 장례식에 사람들이 있었어요. 울어야 할 것 같아 울었는데 사실 슬펐는지도 잘 모르겠어요. 엄마가 너무 갑작스럽게 돌아가셔서 애도를 한다든지 하는 과정이 없었던 것 같아요. 장례가 끝난 뒤에 다시 일상으로 돌아와서 아버지는 회사를 열심히 다니셨고, 저는 마침 방학이라 다시 학원에 갔던 기억이 있어요.

20대 때는 그 일에 관해 생각을 많이 했는데, 지금은 많이 덤덤해진 것 같아요. 사실 일이 잘 안 풀릴 때마다 엄마가 없어서 내가 이렇게 됐다고 핑계도 많이 댔어요. 그러다가 엄마가 나의 이런 모습을 바랐을까 생각하면 눈물이 많이 났어요. 그렇게 울다가 그래도 학점은 3.5 이상을 만들어서 졸업은 해야겠다고 생각하고 열심히 했어요. 1학년 때 학사경고 맞고 그랬거든요. 그때부터 졸업이 목적이 되어서 계절학기 채워 넣고 열심히 해서 3.5점은 넘겨서 졸업했어요.

아버지와의 관계는 어땠어요?

사실 고등학교 때까지는 각자 서로 할 일 하느라 바빠서 별일이 없었어요. 대학교 때 아빠도 이제 20살까지 키웠으면 됐다는 생각을 하셨던 것 같고, 저도 독립하고 싶은 마음이 있었어요. 대학교 때 평택에서 서울로 이사를 왔어요. 아빠도 술 자주 드시고 저도 술 자주 마셨는데, 아빠 기준에서는 저는 못난 사람이었나 봐요. 저를 무시하는 말씀을 하셨어요. 아빠는 제가 대기업 가서 남들에게 부끄럽지 않은 자식이 되길 바라셨던 것 같아요. 그래서 제가 대학 갔을 때까지만 해도 관계가 괜찮았는데, 자꾸 술 먹고 놀러 다니고 해서 실망하셨던 거 같아요.

아버지랑은 언제까지 같이 살았어요?

직장 다니면서는 강남에서 혼자 살았는데, 밤 11시에 누가 창문을 여는 걸 목격했어요. "누구야!" 하니까 도망갔는데, 너무 무서운 거예요. 그때 급하게 방을 빼서 다시 본가에 들어갔어요. 근데 그때 아빠랑 다시 같이 살면서 죽고 싶은 날들이 이어졌어요. 8개월 참았는데 이대로는 못 살겠다 싶어서 다시 나왔어요. 저는 제 나름대로 그때 아빠랑 틀어진 관계를 회복하고 싶었거든요. 아빠는 아빠대로 치유가 필요했는데 엄마의 빈자리를 벗어나지 못하는 것 같기도 했어요. 내가 어떻게 할 수 있는 것도 아니고, 오히려 자꾸 싸우게 되더라고요.

그러다가 아버지가 절 향해서 물건을 던지려고 한 적이 있는데, 그때 진짜 집을 나가야겠다고 생각했어요. 대학교 때도 제 방 문을 향해서 뭔가 던지신 적이 있었거든요. 그래서 그때 더는 안 되겠다 싶어서 급하게 방을 구해서 나왔어요. 당시에도 딱히 제가 어디에 도움을 청하거나 하지는 못했어요. 어떻게 보면 조금만 달리 노력했다면 해결할 수도 있었을 것 같은데, 아빠랑 저의 대결 구도가 되면서 괜히 더 쉽게 해결될 일도 해결이 안 되었어요.

아버지가 딱했던 적은 없었어요?

고모들한테 아빠의 성장 과정을 물어보면서 아빠를 이해하려고 노력해보기도 했었어요. 아빠도 어려서 부모님이 일찍 돌아가셨고 혼자 가난하게 자취하다가 엄마랑 결혼해서 산 거거든요. 아빠도 혼자 악착같이 살아온 거예요. 아빠의 고통도 이해는 하지만 저랑 대화가 원활하지는 않아요. 저도 잘해보려고 노력해봤었는데 이제는 체념했어요.

그래도 예전에는 아버지가 제게 "네가 잘되는 게 나의 성공이다."라고 말씀하셨는데 지금은 기대치가 많이 낮아지셔서 "그래도 네가 서울에서 밥 벌어 먹고사는 게 신기하다."라고 하세요. 원래는 아버지에게 용돈을 준다거나 생계를 책임지는 걸 바라셨을지도 모르지만요. 예전부터 저한테 신뢰가 없으셨던 건지 저를 무시하는 말을 많이 하셨어요. '너 같은 새끼가 뭘 하겠어'와 같은.... 제가 뭘 하려고만 하면 그런 얘기 진짜 많이 하셨거든요. 대학교 3, 4학년 때 공부를 많이 했는데, 대학원을 가고 싶기도 해서 아버지께 말했었거든요. 사실 그땐 몰랐는데 당시에 아버지가 실직 상태이셨나 봐요. 그때 저한테 "너 같은 게 무슨 대학원이야, 졸업이나 해."라고 하셨어요. 당신 상황은 설명을 안 하시고 저를 비난하신거죠. 이런 상황이 계속 반복되면서 아버지랑 소통하기 힘들어진 게 아닐까 싶어요.

아버지 말고 나를 힘들게 했던 관계가 있었나요?

뭔가 나를 평가하는 사람들이 불편했던 것 같아요. 내가 잘해야 한다고 생각하게 하는 관계. 살 빼면 좋게 봐줄 것 같은 뉘앙스를 풍기는 상대방, 좋은 데 취직해야만 인정해줄 것 같은 아빠, 뭐 그런 것들요. 내가 이루지 못하는 걸 이뤄야만 호의적으로 변할 가능성이 있는 사람들. 결과적으로는 아빠와의 관계가 가장 힘들었지만요.

자신의 20대에 대해 후회하는 게 있다면요?

휴학을 못 해본 거, 아니면 그때 죽지 못한 거라고 생각했어요. 대학교 1, 2학년 때는 정말 죽고 싶었었거든요. 그 후로도 죽고 싶었던 적은 수시로 있었는데, 아빠랑 지냈던 8개월 때는 더더욱 죽고 싶었고요. 자주 생각해서 그런지 저는 죽을 때를 상상해보면 되게 속 시원해요. 베란다를 차고 떨어질 때의 모습이라든가... 그게 만화의 한 장면처럼 떠오르기도 했어요. 근데 죽음 이후에 무엇이 있을까? 죽음이란 무엇일까 같은 진중한 생각보다는 그냥 괴로운 순간이 오면 죽고 싶다고 단순하게 생각했던 것 같아요. 그래서 이 인터뷰 질문을 마주한 순간 '내가 그동안 진지하게 죽음에 대해 생각해본 적이 있나?' 하는 의문도 들었어요.

그리고 막상 죽으려고 하니 회사에 안 좋은 소문이 돌 수도 있다는 생각이 드는 거예요. 저는 제가 죽은 다음의 평가도 신경이 쓰이나 봐요. 제가 사실 혼자 하는 업무를 하고 있어서 업무 인수인계를 해줘야 하는데 아무도 히스토리를 모르는 상태로 일을 떠넘기면 다음 사람은 저를 원망하게 되잖아요. 누구한테 원망받고 싶지도 않고 피해를 주고 싶지도 않았어요. 그래서 그냥 다녔던 것 같아요.

힘들어도 인생을 버티게 해준 게 있었다면요?

남자친구가 힘이 많이 되어줬어요. 제가 힘들었을 때 술을 많이 마시고 아는 사람들한테 전화해서 술주정하곤 했거든요. 이 친구가 전화했던 수많은 사람 중의 한 명이었어요. 이 친구한테만큼은 아빠 욕도 많이 했었는데, 다 들어줬거든요. 또 다른 사람들은 '네가 살을 빼면 예뻐질 거야' 하는 이야기를 많이 할 때, 이 친구는 제가 살을 빼는 걸 도와줬어요. 도시락도 싸주고. 저 자신이 추하다고 생각해서 밖에 나가서 운동하는 것도 싫어했었는데, 집 안에서 게임기로 운동할 수 있도록 게임기도 빌려줬어요. 제가 행동할 수 있게 도와줬어요. 그때 실제로 살도 빠졌고요.

죽고 싶다고 말하면서도 자꾸 살길을 찾는 게 참 아이러니해요. 전 사실 그런 말 되게 싫어했거든요. '죽고 싶은 말 뒤에는 살고 싶다는 말이 있는 거다'와 같은 말 말이에요. 근데 이제는 저도 그렇다는 것을 인정해야 하나 봐요.

죽음을 가까이 느꼈던 일이 있다면요?

샤이니 종현이 자살했을 때 죽음이 가깝게 느껴졌고, 심한 충격을 받았어요. 제가 맨날 죽고 싶다고 생각하던 때인데, 사회적으로 성공하고 다 가진 것 같은 사람이 죽었다고 했을 때 너무 충격받았었어요. 제가 당시에 회사에서 사소한 걸로 눈치를 엄청나게 보고 있었거든요. 같이 밥 먹으면 불편한데 따로 먹는다고 말 못 하고 계속 같이 먹는다든지 하는 그런 사소한 것들요. 근데 종현이 죽고 나니까 내가 언제까지 이렇게 못생긴 모습으로, 다이어트에 실패한 모습으로 살아 있어야 하나 하는 생각이 들어서 그때부터 눈치를 안 보기 시작했어요. 도시락파 선언을 하고 점심도 자유롭게 먹고, 저녁 때 운동도 열심히 다녔어요.

혹시 유서를 써본 적도 있어요?

제가 죽으면 이런 걸 해주십사 부탁을 적은 적이 있어요. 제가 지금 심리상담을 받고 있는데, '제가 죽으면 이 카드로 상담료를 지불해주세요.'라고 써본 적이 있거든요. 그런 것도 일종의 유서가 아닐까요.

심리상담은 언제부터 받았어요?

아빠와의 갈등으로 20대 중반에 심리상담을 받은 적이 있었고요. 그 후로는 안 가다가 두 번째 회사에 경력직으로 들어갔는데, 일을 아무도 안 가르쳐주는데 어떻게 일을 해야 할지 몰라서 상담을 다시 받기 시작했어요. 그때는 정말 막막해서 주말에 뭘 해야 할지는 모르겠는데도 그냥 출근을 했어요. 불안에 막 떨고 있었고요. 제가 질문하는 것에 겁이 많고, 또 모르는 걸 모른다고 말하지도 못하거든요. 주말에 막 삽질을 하다가 아는 선배한테 전화를 했어요. 이 회사를 어떻게 다녀야 할지 모르겠고 회사 다니는 게 무섭다고 했더니 선배가 병원에 가보라고 해서 회사 근처에서 상담을 받기도 했어요. 그 후로도 뜨문뜨문 안 좋아질 때마다 상담을 받았어요. 사실 그렇게 불안했으면 회사를 그만뒀어야 했는데, 왜 그렇게 버텼을까 하는 생각도 들어요.

죽어도 여한이 없다는 생각이 든 적도 있어요?

그런 적은 잘 없던 것 같은데, 평소엔 그냥 '어차피 뭘 해도 그만이라면, 언제 죽어도 무관하다' 하는 생각은 있는 것 같아요. 오히려 너무 행복하다면 그 행복을 더 느끼고 싶어서 더 살고 싶을 것 같아요. 새로운 것을 경험할 때, 지금 인터뷰를 기다리던 시간 같은 때에 그런 긍정적인 기분이 들었어요.

지금 죽는다면 미련으로 남을 만한 건 무엇일까요?

내가 잘하는 걸 찾지 못했다는 것에 미련이 남는 것 같아요. 내 이름으로 된 작품이나 결과물을 남기고 싶은데, 잘하는 게 뭔지 찾지 못한 건 끝까지 아쉬울 것 같아요. 그리고 원하는 만큼 살을 못 뺀 것, 나에 대해 뭐 하나 자랑해보지 못하고 죽는 것이 억울할 것 같아요.

다음 생이 있다면 어떻게 살고 싶어요?

사실 어머니가 일찍 돌아가셔서 막연하게 저도 40대에 일찍 죽지 않을까 생각했었어요. 아빠도 그렇게 생각하시는지 저한테 건강검진을 자주 받으라고 해요. 만약 다음 생이 있다면 평범하게 사랑받는 사람으로 태어나고 싶어요. 사실 저는 평범에서 벗어나지 않는지도 모르지만요. 자기검열을 많이 해서 눈에 띄는 짓을 하지도 않거든요. 참 별거 아닌가 싶다가도 평범하다는 게 되게 이루기 힘든 거라 평범해지고 싶다는 말이 튀어나오는 것 같아요.

어쨌지, 오늘이었다.
친구들을 만나기 전, 기다리는 동안 혼자 카페에 있는 시간.
그리고 그 어떤 즐거움도, 기쁨도, 분노도, 슬픔도
덤덤한 지금의 기분이어야 쓸 수 있게 된다.

지구의 종말이나 나의 소멸이나
그저 나에게만 마찬가지 같은 결말.

다른 사람들은 그 정도로 즐거워 보이더라구요.
그 분은 충실하게 슬퍼하더라구요.
난 왜 더이상 화가 나지 않는 걸까요?
어떻게 하면 저는 기분이 좋아질까요?

난 30세에는 죽을거야, 죽어 있을거야.
아마 33세에는 결혼하겠지, 서른셋에는 할 것 같다.
두가지 상반된 가정이 20대의 나에게 존재했고
실제 전자는 이루지 못한 채 후자가 달성되었다.
이건 많이 써야 되었다고 해야 하는 걸까?

유서를 쓰겠다고 앉았지만 특별한 것은 없다.
내일 죽어도, 20년 뒤에 죽어도 나는 여전히 미안함이다.
완성할 수 없다면, 시간은 관계없다.
같은 마련과 소량의 체념, 그로 인한 만성적 무력은
어느 때에나 찾아올 테니까

- 20대의 시도엔, 유서가 없었지만 눈물이 남았다.
  악담과 억울함. 그리고 '엄마는 내가 이러고 있는
  모습을 보고 싶었을까?' 라는 억압의 효심(?)
  그렇게 앞을 향해 노력이란걸 했다.

- 33세의 지금, 죽고 싶다 말하면서 즐기기 위해
  온갖 짓을 다 해보는 날들, 눈물도 없지만
  그와 동시에 후회도 없고, 사실 더 살아봤자 내가
  뭘 더 어떻게 할수 있을까? 라는
  앞으로에 대한 막연함과 '이만하면 됐다' 라는
  생각인걸까, 체념일까? 아니면 성불(成佛)일까.

  살아있는 동안, 잘하는 것이 무엇인지 스스로 알게되고 받아들여
  그 방법을 통해 무언가를 전하고 싶었다.
  하지만 세상에는 나가 말하지 않아도 훨씬 좋은 얘기를
  많이 멋지게, 전할 수 있는 사람들이 넘쳐난다.
  나는 그래서 매 순간 나의 쓸모없음을 인정하기에 바쁘다.
  포기하면 안되고, 편하면 안되고, 우울해도 안돼,
  기운내, 할수있어, 노력해봐, 열정을 가져,
  특박한 잿빛은 누구에게도 보일 수 없어.

  결국은 인상적이지 못한 나를 미워하는 채
  나의 세상은 감긴다.

  아직 문자하는 쓰고 싶었다.
  하지만 꺼져가는 마음에 숨이 막혔다.

9

#문헌정보학
#도서관
#NGO
#지금은개발자

"

보통 우울하다고 하면 항상 극복해야 하고 떨쳐내야 하는 거로 생각하잖아요. 근데 '좀 멈춰봐, 뒤도 좀 돌아봐, 다르게 살아봐'라고 이야기하는 걸 수도 있다고 느껴요. 여태까지와는 또 다르게 살아보라고 말하는 거 같아요.

"

어떤 일을 하고 있어요?

첫 직장은 도서관이었고, NGO 단체를 거쳐서 지금은 개발자로 일하고 있어요.

첫 직장은 어떻게 들어가게 되었어요?

저는 사실 그냥 하다 보면 어떻게든 될 거라는 그런 안일한 생각을 했던 거 같아요. 그냥 열심히 하면 서울에 있는 대학에 갈 수 있지 않을까 생각했는데 생각보다 문턱이 너무 높았어요. 내 노력 정도면 될 수도 있겠다고 생각했었는데 그 정도로는 안 되었던 것 같고, 쥐어짜는 정도는 해야 했었던 것 같아요. 저는 원래 노래를 하고 싶었었는데, 그것도 계속 용기를 못 내다가 결국엔 포기해버렸던 거 같아요. 뭐든 열심히 할 수 있는 성격이 아니었던 거예요. 대충대충 하다가 결국 서울로 대학교는 못 가는구나 깨달았죠.

꾸준히 했던 일이라면 중학교 때부터 계속 도서부를 했었어요. 그래서 책에 관련된 과를 가면 좋겠다 싶어서 2년제 문헌정보학과를 갔어요. 입학을 하고 나니 교육 과정에 문헌정보학과 아동학이 합쳐져 있다는 게 반전이긴 했지만요. 2년 공부하고 바로 서대문에 있는 도서관에 취업해서 1년 동안 일했어요.

취업하고 나니 어떻던가요?

저는 2년제를 나왔으니까 책에 나온 거 공부한 수준이고, 제가 아는 게 너무 부족한 느낌인 거예요. 이게 뭘까, 다른 대학교도 다 이런 상황인 걸까 하는 생각이 들긴 했어요. 사실 전문대학교 수업이 토론한다거나 그런 것도 아니고 책에 있는 내용 읽어주는 수준밖에 안 되는 거예요. 그때 아쉬움이 많이 남아서 편입도 잠깐 준비했다가 그냥 포기했어요. 저는 그때나 지금이나 목숨 바쳐서 하는 열정이 있는 사람은 못 되나 봐요.

도서관에서 일해보니까 책이랑 가까이 있는 건 좋은데, 내가 이렇게 소모되는구나 하는 생각이 드는 거예요. 계약직이었고 월급도 적었거든요. 도서관이 늦게까지 해서 퇴근 시간이 늦기도 했고요. 제가 일회용이라는 생각이 많이 들었고요. 불특정 다수인 이용자를 계속 응대하는 것도 힘이 들었어요. 같이 일했던 친구들이 또래여서 그 친구들하고 지내는 재미로 버텼던 거 같아요. 정확히 이유를 모르겠지만 일하는 게 정말 재미가 없었어요. 그냥 직장도 학교처럼 다녀야 하니까 다니는 것처럼 느껴졌어요.

그때는 사람들 대하는 기술이 부족해서 도서관에 있는 사람 중에 공익 요원들, 사무실에 있는 정규직 분들하고의 관계까지 생각해야 하는 게 스트레스였어요. 저를 어린애라고 생각하는 시선이 편하기도 하고 불편하기도 했었던 거 같아요. 매일 반복되는 단조로운 생활과 여러 사람과의 관계가 힘들었던 것 같아요. 스트레스를 잘 견디지 못해서 그런지, 저는 뭐든지 오래 하는 걸 못 하겠더라고요. 주변에서 저한테 뭐라고 하는 사람은 없었는데 '나는 왜 이러지' 하는 생각을 계속 했던 거 같아요. 도서관은 이용자로 오는 게 최고라고 생각하면서 그만뒀어요. 그 후에 새로운 경험을 해보고 싶어서 호주로 워킹 홀리데이를 1년 갔어요.

워킹 홀리데이 가서는 뭐 했어요?

사실 별생각 없이 뭘 해도 좋을 것 같았어요. 딱히 목표도 없고 그냥 새로운 환경을 경험하고 싶어서요. 새로 도전한다는 느낌이 좋기도 하고요. 처음엔 좀 쉬면서 어학원을 한 달 정도 다녔어요. 그 뒤에 이제 일을 구하려고 하는데 일 구하기가 너무 어려운 거예요. 막 부딪쳐야 하는데 제가 적극적인 성격이 아니어서 그게 어렵더라고요. 영어로 이력서 돌려보다가 잘 안돼서 결국 한국 식당에서 일했어요. 그 후에 호주에서 만난 친구 소개로 냉동식품 공장에 들어가게 되었어요. 거기서 주로 햄버거나 샐러드를 포장하는 일을 했어요. 6개월 정도 일했는데 말이 안 통하는 사람들이랑 기계 소리 나는 데에서 똑같은 일만 하니까 정신 육체가 다 힘들더라고요. 도서관하고는 또 다른 힘듦이 있었어요.

돌아와서는 뭐 했어요?

돌아와서는 엄마 가게 일을 도왔어요. 엄마가 조그만 음식점을 하고 계셨거든요. 그때 상담에도 관심이 있어서 버스에서 청소년들 상담해주는 곳에 자원봉사를 다녔어요. 매주 수요일마다 혜화역에 버스를 정차해놓고 청소년들 이야기 듣고 같이 게임을 하기도 했어요. 자원봉사 하고 사이버대학교에서 독서치료사 공부도 하고 가게 일 돕고 하면서 1년을 보낸 거 같아요. 그 후에 자원봉사 담당 직원분이 NGO를 소개해주셔서 면접 보고 관련 단체에서 일하게 되었어요. NGO에서 1년 6개월을 일했는데, 거기가 제일 오래 일했던 곳이에요. 저는 항상 뭔가 정의로운 일을 하고 싶었거든요.

NGO를 그만둔 계기는 뭐였어요?

기본적으로는 제가 뭔가를 오래 못 하는 사람인 거 같아요. NGO에서 일하면 보람은 있는데, 좋은 일 하는 데 제 에너지를 쓰는 걸 너무 당연하게 생각하는 거예요. 저를 여기에 불태우라고 하는 듯한 느낌을 자주 받았어요. 사회 문제는 끝도 없이 일어나고 거기에 맞는 사업이 계속 시작되니까 끝이 없는 느낌이 들었어요.

게다가 지금 하는 일도 제대로 못 하고 있는데 새 사업을 계속 따 왔어요. 당시에 서울시 지원을 받아서 가출 청소년들이 와서 쉴 수 있고 활동가들이랑 만날 수 있는 카페를 만들었어요. 저는 활동가로 취업을 했는데 단체의 일도 하고 카페의 일도 해야 했어요. 어떤 날은 카페 당직도 하고, 축제가 있으면 그거 준비하기도 하고요. 좋은 일을 위해서라지만 제가 너무 소모된다는 느낌을 받았어요. 그러다가 우연히 어떤 퍼머컬처 캠프를 갔다가 자연이 뭔지 생각하게 되고 귀촌에 대해 생각하게 되었어요. 그때 자급자족, 생태적인 삶에 매료되었어요. NGO 일에 지칠 때쯤 귀촌을 하고 싶어져서 그만두게 되었어요.

NGO 그만두고부터는 어떻게 살았어요?

그만뒀을 때가 20대 중반이었는데 그때부터 인생이 더 고달파졌었어요. 순창에서 하는 귀농귀촌센터 한달살이 프로그램에 참여했었는데, 숙박시설에 머물면서 귀농센터에서 관련된 수업을 듣는 프로그램이었어요. 수업이 끝나고 서울에 왔는데, 같이 수업 들었던 언니가 귀농할 집을 구했다고 해서 같이 살아볼 마음으로 다시 순창에 내려갔어요. 저는 왜 그런지 모르겠는데 시작할 때는 잘될 거라는 막연한 희망 같은 게 있는 거 같아요. 청소년기에 꿈꾸는 그런 거 있잖아요. 나는 특별하고 내 인생은 특별할 거라는 생각요. 저는 귀농·귀촌도 그렇게 잘 풀릴 줄 알았거든요. 근데 결론적으로는 귀농에 실패하고 한 달도 못 돼서 서울로 올라왔어요.

시골에서 생태적인 삶을 사는 게 목표였는데, '여기서 이제 나 뭐 해야 하지?' 하는 생각에 불안했던 거 같아요. 게다가 같이 갔던 언니가 같이 수업 들었던 남자분이랑 연애를 시작해서 제가 괜히 끼어 있는 게 불편해져버렸어요. 그 둘은 결혼한다는 얘기도 들었고, 아마 귀농에 성공했을지도 모르겠어요. 그때 당시엔 시골에서 얻을 수 있는 일도 없고, 귀농센터에서 뭘 해줄 수 있는 것도 아니고, 만날 사람도 없고, 여기 있다가는 시간만 낭비하겠다 싶어서 서울로 왔어요. 서울로 와서는 기술이 있어야겠다는 생각에 또 꽂혔던 거 같아요.

어떤 기술을 배웠어요?

국비로 디자인을 배웠어요. 원래 평소에도 삽화랑 포토샵 배우고 싶은 생각이 있었는데, 배우니까 너무 재미있어서 즐겁게 배웠어요. 움직이는 게 재미있어서 웹디자인을 공부해서 취업했어요. 전화로 영업해서 얻어걸리는 회사의 홈페이지를 만들어주는 그런 회사였어요. 업체 특성상 빨리빨리 결과물을 뽑아내야 하는데 제가 잘 못하니까 조급한 마음이 자주 들었어요. 업무도 과다했던 것 같긴 해요. PC, 모바일용 홈페이지를 디자인하고 자바 스크립트까지 손볼 줄 알아야 했거든요. 할 일이 계속 쌓이니까 스트레스도 많이 받았어요. 특히 사수가 성격이 정말 안 좋았어요. 저는 그때까지 저한테 그렇게 심한 말을 하는 사람을 만나본 적이 없었거든요. 그 말이 계속

기억에 남아요. 디자인을 만들어서 컨펌 받으러 가면 항상 잘
못한 게 뭔지 물었어요. "여기에서 뭘 잘못한 거 같아요?"라고
했던 것 같아요. 대답을 잘 못했던 거 같아요. 폰트랑 크기 뭐
그런 거를 얘기해줬던 거 같은데 기억이 잘 안 나요.

 퇴근이 늦는 것, 주말에 출근해야 하는 것까지 참을 수 있었
는데, 그 사람한테 작업물을 확인받을 때마다 손에 땀이 나고
가슴이 쿵쾅거리는 상태까지 되더라고요. 그만둘까 고민하고
있을 때 그 사수가 신입사원들을 부르더니 "너네는 일이 안 끝
났는데 퇴근을 왜 하니?"라고 말하는 거예요. 그 말 듣고 아
안 되겠다, 이제 끝이다 싶어서 바로 그만뒀어요. 3개월 만에
또 그만둔 거죠.

그 후에는 뭘 했어요?
 실력을 업그레이드해야겠다는 생각이 들어서 아르바이트하
면서 자바 스크립트를 배웠어요. 그 후에는 지금 다니는 회사
에 개발자로 취업했어요. 취업은 했는데 실력이 뛰어난 건 아
니에요. 개발 중에서도 말단 일이라고 해야 할까요. 간단하게
하는 수준의 일이어서 어떻게 보면 다행이기도 해요.

직장을 자주 옮기면서 들었던 생각이 있어요?

일이 왜 하기 싫었을까 생각해봤는데, 돈을 벌어야 한다는 이유 하나만으로 일하다 보니 하기 싫어졌던 것 같아요. 돈을 벌어야 하는 것도 알고 필요한 것도 아는데 참으면서까지 하는 게 저는 안 되는 거예요. 친구들도 맨날 그만두고 싶다고 하면서 계속 버티는데, 저는 그 계속이 잘 안되더라고요.

취업할 때마다 나에게 이게 아니면 또 뭐가 있을까 하는 마음이 들어요. 어느덧 30대 초반이 되었는데 모아놓은 돈도 별로 없고 기술도 얄팍하니까 성실해야 한다는 압박감이 있었나 봐요. 그래도 제가 해볼 수 있는 건 다 해봤는데 이제 힘이 다 빠진 상태인 것 같아요. 사람들 붐비는 틈에 껴서 출퇴근하는 것까지 너무 힘들어지더라고요. 못 버틴다는 게 스스로 스트레스였는데, 지금 회사는 좀 버텨보자는 마음으로 다니고 있어요.

지금 회사는 오래 다닐 수 있을 것 같아요?
운이 좋으면 이번 연도까지는 다닐 것 같기도 해요. 저는 제 가치관이 정립되지 못해서 더 힘들었나 봐요. 사회에서 말하는 거에 휩쓸리기도 하고, 좋아하는 책에서 갖고 싶은 가치관을 접하면 휘둘리기도 했거든요. NGO 일 그만두면서부터 일 그만두는 상황이 반복되면서 굉장히 우울해지기 시작했어요.
우울할 땐 뭐 했어요?

우울한 상태에 몰입했다가 빠져나오기도 하고 왔다 갔다 한 것 같아요. 한창 우울해지면서 진짜 진지하게 죽음에 대해서 생각해봤던 거 같아요. 현실 도피성도 있었던 것 같고요. 나는 더는 아무런 노력도 못 하겠는데 한편으로는 끊임없이 무엇을 해야 한다고 느끼면서 불안해했어요. 그래서 그때부터 죽고 싶다는 생각이 종종 들었어요. 그런데 세상 사는 사람들이 너무 이상했어요. 삶은 너무 칭송받는데 죽음은 아무도 얘기하지 않는 거잖아요. 그때 자살한 사람들의 기사를 찾아보기도 했던 거 같아요. 그러면서 내가 어떻게 살고 싶은지 생각해봤는데, 진짜 중요한 것만 남기고 중요한 것에 집중해서 살고 싶다고 생각했어요. 자꾸 뭔가 채워야겠다는 생각이 들어서 초조해져요. 비우면서 가볍게 살고 싶어요.

죽음에 대해서는 어떻게 생각해요?

저는 삶이 중요하면 죽음도 중요하다는 생각이 들어요. 삶이 끝나면 죽음이 오는 게 아니라 죽음이 삶의 일부라고 생각해요. 죽음이 있다는 것을 받아들이면 더 행복하게 살 수 있을 것 같거든요. 그러면 우리가 좀 더 가볍게 살 수 있을 것 같아요. 저는 때로는 제가 죽을 수 있다는 사실이 얼마나 감사한지 몰라요.

종교에 대한 생각은요?

종교가 있는 건 아닌데, 무소유를 말하는 게 불교밖에 없는 것 같아서 끌려요. 물건을 많이 쌓아두면서 고통스러워지고 싶지는 않다고 생각하게 되었거든요. 최근에 제가 원룸을 단기 계약해서 혼자 살고 있어요. 이제까지는 계속 가족들이랑 같이 살았거든요. 혼자 있는 시간이 나한테 필요했다고 느끼고 있어요. 좁기는 한데 제게 필요한 물건만 있으니까 너무 좋아요. 가족들이랑 같이 살면 엄마 아빠가 집주인이니까 부모님한테 필요한 거로 가득 차 있잖아요. 언제부터인가 쌓여 있는 물건을 보는 게 너무 힘들더라고요. 짐이 적으니까 숙식 제공해주는 일자리도 가볼 수 있을 것 같아요.

살면서 나를 힘들게 한 관계는 무엇이었어요?

어떤 특정인하고는 아닌 거 같고 그냥 사람에 대해서가 항상 고민이었던 것 같아요. 베스트 프렌드가 있어야 할 것 같은데, 저는 항상 그걸 못 만드는 느낌이랄까요. 드라마나 사회의 영향 때문인지는 모르겠는데 그런 친구가 있어야 한다고 생각했어요. 뭔가 딱 둘이 완전 끈끈한 애들 있잖아요.

그런 친구들이 있는 반면에 저는 관계의 깊이도 얕은 느낌이 들어. 나는 왜 더 나아가지 못하지? 이게 내 문제가 아닐까? 하는 생각을 종종 했어요. 사람을 만날 때 제가 먼저 마음을 닫아버린 적이 많았던 것 같아요. 제가 마음을 열지 않으니까 정작 누군가 있었으면 할 때는 또 곁에 아무도 없었고요. 이제는 제가 기본적인 에너지가 떨어지니까 사람 만나는 것을 힘들어한다는 것을 알게 됐어요. 저 자신과 좀 떨어져서 객관적으로 보려고 해요. 또 내가 원하는 것과 상관없이 사람을 만나는 데에는 때가 있다는 걸 받아들이게 됐어요.

어떻게 죽고 싶다는 생각 해본 적 있어요?

단식해서 죽었으면 좋겠다는 상상을 해봐요. 스콥 니어링이라는 사람이 있는데요, 그 사람은 죽을 때가 가까워지자 곡기를 끊고 죽었다고 들었어요. 스스로 죽음을 선택할 수 있었으면 좋겠어요. 안락사도 선택지에 있었으면 좋겠고요. 제가 죽을 때쯤 되면 죽음의 경험도 상품화되지 않을까요. 뭐가 되었든 제가 선택할 수 있었으면 좋겠어요. 그래도 아직 세상에 미련이 있는 것 같아요. 죽고 싶으면서도 살고 싶고, 죽고 싶다고 하면서도 계속 살아갈 방도를 찾아요. 제 이런 모습이 싫긴 하지만 이런 모순된 제 마음도 받아들여야 하는 거 같아요.

유서는 처음 써보는 건가요?

네, 사실 어떻게 써야 할지 감이 잘 안 오네요. 왠지 유서라고 하면 멋있게 써야 할 것 같은 생각이 들어요. 유서 쓰는 것도 뭔가 욕심인 거 같아요. 죽어서도 멋있는 걸 남기고 싶은 욕심요. 뭔가 남들이 읽어보고 말해주길 바라는 마음 아닐까요? 그래서 이번에는 엉망진창으로 써보겠다는 생각으로 써보려고요.

책 읽다가 봤던 내용인데 어떤 그림을 보고 누군가 저거 엉망진창이라고 이야기했대요. 그걸 듣고 그 그림을 그렸던 화가가 "엉망진창인 게 도대체 뭔데? 네가 100% 엉망진창인 걸 여기에 그려봐."라고 이야기를 했대요. 저는 그 이야기가 너무 재미있었거든요. 엉망진창이라는 게 정의할 수 없고 사람마다 생각하는 게 다 다르잖아요. 그 글을 읽으면서 왠지 마음이 편안했어요. 그래서 엉망진창으로 써보고 싶어요.

더 하고 싶은 말 있어요?

점점 행복이란 게 뭔지 모르겠다는 생각이 들어요. 최근에는 먹고 싶은 거 요리해 먹고 설거지하고 청소한 후에 방에서 쉬면 좋아요. 그냥 그런 상태가 좋은데 그게 행복인지는 모르겠어요. 보통 우울하다고 하면 항상 극복해야 하고 떨쳐내야 하는 거라고 생각하잖아요. 근데 내가 나에게 '좀 멈춰봐, 뒤도 좀 돌아봐, 다르게 살아봐' 하고 이야기하는 걸 수도 있다고 느껴요. 여태까지와는 또 다르게 살아보라고 말하는 거 같아요.

항상 행복할 순 없잖아요. 자기 감정이 어떤 상태인지 끊임없이 정의하려고 하는 게 말이 안 되는 거 같아요. 사람들 사이에 있어야 하고, 여행을 꼭 가야 하고... 너무 그런 거에 휘둘리며 살았던 거 같아요. 에너지가 고갈되고 나서야 저 자신을 좀 더 뒤돌아보게 되었어요. 앞으로는 100% 엉망진창인 상태로 살아보려고 해요.

유 서

최근 넷플릭스에서 우리의 지구라는 다큐를 보고 든 생각.
(저도 유서에 넷플릭스라는 단어를 쓰게 될 줄은 상상도 못했어요.)
엄청 작은 것부터 큰 것까지 모든 것이 무서울 정도로 연결되어
작고 큰 영향을 미친다는 것.
먹는 것 뿐만 아니라 먹히는 것까지도 내 삶의 일부분 이라는 것.
먹을 것과 쉴 곳, 새로운 생명을 위해 끊임없이 이동한다는 것.
언제나 가던 곳의 강이 메말라도 그 곳을 뒤로하고 또 다른 길을
향해 가야한다는 것.

- 남아있는 사람들에게

가능한 나눌 수 있는 것들은 나눠주시면 좋겠습니다.
(잠깐 소유하고 있었던 신체나 내가 남긴 모든 흔적들)

최대한 돈이 들지 않고, 자연적인 장례라면 좋겠습니다.
(사실 장례는 필요 없어요. 남들 다 하는 거니까,
  옛날부터 지켜온 소중한 문화니까 이런 말 사절입니다.)

무언가라도 더 적어 놓아야 혹은 더 줄여야 할 것 같은
아리송한 느낌입니다.
지금 살고 있는 인생마냥 유서에서조차 무엇을 빼고 넣을지
갈팡질팡 합니다. (참 한결같은 나)
그래도 지금 이 순간 조금은 후회될 것 같지만
어느정도는 만족스러운 유서입니다.

정말 마지막으로 당신의 삶과 죽음이 조금 더 자유롭고, 조금 더 웃음짓고,
조금 더 평온하길 바랍니다. (다른 존재들도 그랬으면 좋겠네요.)
삶과 죽음을, 좋고 나쁨을 나누지 않기를. 우리.

10

#우울증
#극작과
#사회공포증
#성인ADHD
#우울증잡지

"

저한테 어울리지 않는 목표와 욕망 같은 것들이 저를 힘들게 했던 것 같아요. 돈도 좀 벌고 쓸모 있는 사람이 되고 싶어요. 감정적으로나 관계적으로나 자연스럽게 살고 싶어요.

"

무슨 일을 하고 있어요?

대학교 때는 극작가가 되고 싶었는데, 적성에 안 맞아서 방황하다가 지금은 우울증에 관한 잡지를 만들고 있어요.

대학교에서는 무엇을 공부했어요?

4년제 사회복지학과 2년을 다니다가 자퇴를 하고 극작과를 갔어요. 근데 가보니 저랑 잘 안 맞았어요. 제가 잘할 수 있는 일이 아니었어요. 그래서 학교 다니는 내내 힘들었죠. 연극 보러 다니는 건 정말 좋아해서 저만큼 많이 본 사람이 없을 만큼 보러 다녔어요. 글을 써야 하는 시간에 공연을 보러 다닌 거죠. 그리고 그때쯤부터 우울증, 사회 공포증 같은 게 심화한 거 같아요.

그래도 공연 보러 다니는 건 재미있었어요. 제가 난독증까지는 아니지만 글 읽는 속도가 너무 느려요. 근데 연극은 말로 전달해줘서 그냥 들으면 되니까 좋았어요. 그리고 어둠 속에 혼자 있는 느낌이라 이야기 속으로 쭉 들어가는 느낌이 영화와는 다르게 다가왔어요. 영화 볼 때는 왜 그런 느낌을 못 느끼는지 모르겠지만요. 연극을 보면 잊어버렸던 과거의 일이 떠오르기도 하고, 이야기가 생각 속에 많이 돌아다니게 돼요.

우울증으로 힘들었을 때는 일과가 어땠어요?

저도 그때 뭘 해야 할지 모르겠으니까 안 좋은 시간을 보냈던 거 같아요. 주로 잠을 자다가 일어나서 책 읽다가 다시 잠들고 그랬던 거 같아요. 그런데 그때 읽었던 책들이 기억이 잘 나지 않아요.

대학교는 어떤 부분이 제일 힘들었어요?

제가 가지고 있던 안 좋은 기질을 굉장히 증폭시켰던 거 같아요. 예술대학에서는 자기를 전시하는 느낌이 강하잖아요. 나는 특이한 구석이 있다고 드러내야 하는 곳이잖아요. 저한테는 이렇게 자기 자신을 전시하고 과시하는 게 안 맞아서 더 위축되었어요. 무엇보다 제가 이야기를 만들 수 있는 사람은 아니었던 것 같아요. 연극을 보고 오면 깊이 공감하는데 제가 연극을 만들려고 하면 '어 내 글은 왜 이렇지?' 하면서 절망하곤 했어요. 예술 쪽에서는 또 말도 안 되는 기적적인 영감이 오는 사람들이 있잖아요. 예술병, 작가병, 천재병 같은 것에 대한 동경도 있었던 거 같아요. 언젠가는 나한테도 오지 않을까 동경만 하고 글은 거의 쓰지 않았어요. 그러다가 졸업하고 나서는 특히 정신적으로 안 좋아졌어요.

계속 가족들이랑 생활했어요?

네, 근데 부모님이 좀 무뚝뚝하고 보수적인 성향이에요. 아마 제가 장사를 한다고 몇천 달라고 하면 절대 안 주실 텐데, 배움을 목적으로 해외여행을 떠나겠다 하면 돈을 주셨었거든요. 뒤돌아보니 저는 항상 굶지 않을 정도의 생활비가 항상 있었어요. 평생 그랬으니까 과보호라고도 할 수 있겠죠. 그러다 보니까 의욕이 별로 없었어요. 사회로 뛰어들어서 돈을 벌어야겠다는 생각이 별로 없었어요.

금수저 정도는 아니지만 생활을 계속할 수 있을 정도의 여유는 있었던 것 같아요. 부모님이 보태주셔서 서른 살에 남미랑 유럽으로 1년 동안 여행을 갔었어요. 이것도 다른 사람들이 들으면 배부른 소리라고 할 수는 있겠네요.

여행에서 어떤 경험을 했나요?

제가 영어를 잘 못하는데 그냥 갔어요. 근데 아직도 영어를 잘 못해요. 사실 여행을 다니다 보면 일상 소통이 가능한 정도로 영어가 늘지 않을까 기대했어요. 친구를 깊이 사귈 수 있는 정도요. 그 정도가 안 되다 보니까 여행하면서 만난 사람들과 깊은 대화를 해보지 못한 게 아쉬워요. 제가 액티브한 걸 좋아하지는 않아서 여행은 약간 문학 기행 같은 느낌으로 다녔어요. 가는 나라마다 작가 한 명을 정해서 — 콜롬비아의 마르케스라든가 — 그 사람 책을 읽고 그 사람과 관련된 장소를 탐방하는 거예요. 아무 데서나 한 달 정도 지내보기도 했고요. 철저하게 혼자 여행한 시간이었는데 특별한 경험이긴 하지만 외로웠던 것도 사실이에요. 프랑스 연극제를 가기도 했었는데 나중에는 너무 많은 걸 봐서 감흥이 없더라고요.

독립에 대한 의지는 없었어요?

아직은 딱히 하고 싶지 않아요.

부모님과의 관계는 어때요?

그냥 사는 거죠 뭐. 싸울 일은 다 지나간 거 같아요. 제가 우울증, 사회공포증이 있는데 예전엔 제가 성인 ADHD 증상까지 있는지는 몰랐어요. 부모님이 제 행동의 이유를 몰라서 그때쯤 많이 싸웠던 거 같아요. 그러다가 병원에 갔는데 거기서 약 테스트를 해보다가 ADHD 약을 먹었을 때 효과가 컸어요. 그전에는 제가 힘든 원인이 뭔지 몰라서 답답할 때가 많았거든요.

사실 저희 어머니도 우울증이 있으셨는데 우울증에 관해 물어보면 어머니가 이야기하는 걸 힘들어하셨어요. 본인이 힘드신데 아들도 같은 증상으로 힘든 게 싫으셨던 거죠. 그래서 외면하고 부정하고 하셨던 거 같아요. 여행 갔을 때 약을 안 먹어보기도 했는데, 약을 먹다가 안 먹으면 굉장히 안 좋아지더라고요. 집중이 일할 때뿐만 아니라 일상생활에서도 필요해요. 사람을 만날 때에도 집중하고 흥미를 잃지 않아야 하잖아요. 일단 집중력이 떨어지면 모든 일에 관심이 없어지고 기분이 축축 처지면서 혼자 있고 싶고... 그러다 보면 기분은 더 안 좋아지거든요.

여행을 다녀오고 나서는 하고 싶은 게 있었어요?

딱히 여행의 경험을 통해서 뭔가를 해야겠다는 생각은 없었고요. 한국에 다시 왔으니까 취업을 해야 하긴 할 텐데 하고 생각하면서 취업 준비를 했죠. 그러다가 작은 시사 잡지사에 들어가서 기자로 일했어요. 한 2년 정도요. 직함은 기자였지만 사실 기자 일 말고 잡일도 많이 했어요.

우울증에 관한 잡지는 언제부터 준비했어요?

회사 다닌 지 1년 반 정도 됐을 때 만들어야겠다고 생각했던 거 같아요. 다른 분들은 얼마나 기간을 두고 준비하시는지 모르겠지만, 만들어야겠다고 생각하고 실제로 책이 완성되기까지 1년 정도 걸린 거 같아요. 제가 뭘 겪고 있는지 모르는 상태로 긴 시간을 흘려보냈어요. 나와 비슷한 사람들에게 도움을 줄 수는 없을까 하고 생각하면서 만들었던 것 같아요. 만들면서는 결과물을 보고 사람들이 뭐라고 할까 하는 생각에 불안감을 느끼기도 했어요. 사실 만들 때부터 '이게 세상에 꼭 필요한가?' 하는 생각도 많이 했고요.

20대 때 제일 힘들었던 건 무엇이었나요?

저한테 어울리지 않는 목표와 욕망 같은 것들이 저를 힘들게 했던 것 같아요. 그리고 무기력이 심했고요. 사실 작가가 되고 싶은 사람들은 다 비슷하겠지만 뭔가 재미있는 이야기를 만들고 싶어 하잖아요. 한국에서 극작가들이 돈을 벌기 정말 힘들어요. 좋아서 하는 사람들이 많고 우리나라에서 극작가로 생활하는 사람이 얼마 안 돼요. 보통 연출가가 하고 있어요. 정말 잘 쓰는 몇 명이 살아남는 시장이에요. 사실 연극은 어떻게 해도 사람들이 안 봐요. 특히 창작극은 재밌게 하든 어떻게 하든 잘 안 봐요. 뮤지컬은 잘 팔리는데 연극은 정말 힘들어요.

종교는 있어요?

종교는 기독교예요. 스무 살 때 친구를 따라갔다가 어쩌다 보니 교회 수련회까지 따라가게 되었어요. 거기에 있는 사람들은 신나고 걱정이 없어 보이더라고요. 그때 제가 한창 걱정이 많고 힘든 시기였거든요. 저렇게 살면 편하겠다, 저렇게 살고 싶다 하는 생각이 들어서 수련회에서 기도했어요. 저한테 눈앞에 보이는 형태로 뭔가를 주면 하나님의 존재를 인정하겠다고요. 열흘 정도 뒤에 잠을 자고 있는데 약간 비몽사몽한 상태에서 심장에서 뜨거운 게 확 느껴지면서 손끝 발끝으로 전해지는 느낌을 받았어요. 그런 걸 기독교에서 불 받는 거, 성령을 받는 거라고 말하더라고요. 그 체험을 한 이후로 기독교를 믿게 되었어요.

힘들 때마다 종교에서 위로를 받았나요?

정작 필요할 때 도움을 받지는 못했어요. 어떤 공동체에 굉장히 이질적인 존재가 나타났을 때 배척하느냐 품을 수 있느냐가 그 공동체의 윤리적 수준이라고 생각하거든요. 제가 교회에 갔을 때가 심적으로 아주 힘들 때긴 했어요. 제가 힘들면 뭔가 말이 많아지거나 주장을 많이 하게 되더라고요. 근데 교회 갔을 때 배타적이라는 느낌을 많이 받았고, 실제로 안 왔으면 좋겠다는 말을 듣기도 했어요. 그래서 이성적으로는 기독교에 믿음이 있는데, 제가 교회 공동체에 섞이기는 쉽지 않았어요. 기독교라는 게 매우 많은 걸 품어줄 수 있을 것처럼 이야기하잖아요. 제가 순진하게 그걸 너무 쉽게 믿었나 봐요. 지금은 신앙 관련된 활동을 따로 하고 있지는 않아요.

살면서 나를 제일 힘들게 한 관계는 무엇이었어요?

굳이 이야기하자면 저 자신인 거 같아요. 저는 항상 외로운 편이라 연락을 먼저 하는 편이에요. 근데 제가 연락을 지속적으로 하고 자주 만나려고 하면 사람들이 부담스러워하고 멀어져서 자제하려고 해요. 일단 저를 많이 보여줘서 관계가 좋았던 적은 없어요.

그래도 지내다 보니까 그런 건 생기는 거 같아요. 내가 일부러 그러지 않은 것처럼 저 사람도 일부러 그런 것은 아니겠다는 생각. 상대방이 서운한 행동을 하거나 나쁜 행동을 하는 게 제가 실수해서 그런 게 아니라 그냥 그 사람의 성격이구나 하는 걸 조금 알아가는 거 같아요. 최근에 어떤 분을 인터뷰했는데, 그분은 사람을 만나면 무조건 장점부터 찾는다고 하더라고요. 사실 제 생각하는 방식을 조금만 바꿔도 그렇게 할 수 있다는 걸 잘 몰랐던 것 같아요.

스트레스 많이 받을 때는 뭐 해요?

주로 잠을 잤던 거 같아요. 관계에서 위로를 받기도 했지만, 상처도 함께 받았던 것 같아요. 자살을 시도한다거나 하지는 않았지만 너무 괴로웠을 때 고통 없이 죽을 수 있는 방법은 찾아봤던 것 같아요.

떠나보낸 사람이 있었나요?

아직 그런 경험은 없는데요, 친했던 친구들이 사이가 나빠져서 멀어지면 사실 죽는 거나 마찬가지인 거 같아요. 사회적 관계가 단절되는 거죠. 저는 죽음에 대한 낭만적인 사고는 없거든요.

죽음에 대해서는 어떻게 생각하고 있어요?

연애하다가 헤어지는 것과 비슷한 것 같아요. 죽음 자체에 대해서는 그냥 끝이라고 생각해요. 그냥 아무것도 없는 상태. 기독교에서는 천국을 이야기하기도 하지만, 저는 지금까지 진행해왔던 것의 끝이라고 생각해요. 저는 일단 제가 죽으면 이 세계가 끝난다고 보거든요. 제 세상이 꺼지면 주변은 의미가 없어지는 거잖아요. 그럼 이 세계도 없어지는 거나 마찬가지죠. 마치 스위치가 꺼지듯이 주변 사람과의 관계도 꺼지는 거죠.

앞으로는 어떻게 살고 싶어요?

돈도 좀 벌고 쓸모 있는 사람이 되고 싶어요. 감정적으로나 관계적으로나 자연스럽게 살고 싶어요.

유서를 쓴다면 어떤 내용을 쓰고 싶어요?

'앓느니 죽지'라고 쓰려고 했어요. 쿨한 것까지는 아니어도 너무 구구절절 얘기하고 싶지 않아요. 죽는 것이 그렇게 나쁜 건 아니고 자연스러운 것이라고 쓰고 싶어요.

살면서 자주 혼란스러웠다.
공포에 꼼짝 못 하던 날들도 많았다.
누군가를 만나고 집으로 돌아오면서
그 사람이 다시 나를 만나려 하지 않을 거라는
확신은 가진 날들이 있었다.
그런 날들을 지나왔다.
다시 한 번 삶이 주어진다면
더 그렇하지는 않을 생각이다.
낮이 낮이고 밤이 밤인 것처럼
자연스럽게 살고 싶다.

11

#행정고시
#트레이너
#진통제
#류머티즘관절염

"

지금은 '1인분만 하고 싶다.

그 1인분이 참 힘들구나' 하는 생각을 많이 해요.

"

법대를 가게 된 계기가 있었어요?

저는 당시에는 무슨 과를 가도 사실 상관없다고 생각했는데 부모님 영향으로 법대를 가게 되었어요. 사실 부모님도 뭘 해서 먹고살아도 상관없으니 밥벌이하고 가정 이뤄서 살면 되지 않냐고 하셨지만요. 그때는 나름대로 공부를 좀 했었거든요. 지금은 사시가 폐지되었지만 그때는 법대 나와서 사법고시 합격하는 게 정석이었어요.

대학교 때는 어땠어요?

1학년 때는 처음으로 맞은 자유라서 신나게 놀았어요. 학교도 거의 안 가고, 학교 간다고 해도 수업은 안 들어가고 친구들이랑 놀았으니까요. 그래서 학사경고도 두 번이나 맞고 학점도 엉망이었어요. 그땐 미래의 내가 해결해주겠지 하는 막연한 생각이 있었어요. 그러다가 군대를 가야 했는데 병역법이 바뀌면서 4급 판정을 받아서 공익 요원으로 가게 되었어요. 그때까지만 해도 인생 잘 풀린다고, 소위 개꿀이라고 했었죠. 구청의 청소과에서 2년 동안 공익 요원으로 근무했는데 나름 재미있었어요. 업무 중에 제일 재미있었던 게 무단투기 순찰이었어요. 쓰레기 무단투기한 사람을 찾아서 과태료를 물리는 일을 했어요. 그때 구청에서 일하면서 나랑 잘 맞는다고 생각했고, 나는 앞으로 공직 생활을 해야겠다고 생각했어요.

제대하고서는 뭐 했어요?

사실 제가 군 복무 끝나고 복학하기 전에 1~2년 정도 쉬면서 그냥 하고 싶은 거 다 해봤거든요. 부모님은 하고 싶은 거 못 하면서 사셨으니까 저는 하고 싶은 거 다 하라고 하셨던 것도 영향이 있었던 거 같아요. 아르바이트도 해보고 여행도 많이 다녔어요. 그러고 나서 아쉬움에 SKY를 가고 싶어서 반수 준비했다가 바로 떨어지기도 하고요.

쉬면서 들었던 생각은 뭐였어요?

쉬면서는 한 달 벌어서 한 달 놀고 그랬어요. 복학하고 나서는 행정고시를 준비하면서 아직까진 희망을 안고 있었어요. 근데 20대 중반에서 후반으로 넘어가면서 제 또래들이 사회에서 돈을 벌기 시작했어요. 당시 만나던 여자친구가 사회 초년 생이었는데, 주변의 남자들이 다 능력이 있으니까 저랑 만나기 힘들어졌던 거 같아요. 그래도 그 친구가 2년 정도는 옆을 지켜줬는데, 제 안에서는 열등감이 점점 커졌던 거 같아요. 결국에는 헤어졌어요. 더는 이렇게 살면 안 되겠다 싶어서 공부를 열심히 했어요. 그때 처음으로 장학금도 타봤어요.

헤어진 게 동기부여가 됐나요?

제가 그 친구를 잊으려고 하루에 몇 시간씩 운동을 했어요. 그렇게 해도 그 친구가 생각나면 친구들을 불러서 술을 먹고 그랬어요. 하루도 안 쉬고 하루에 몇 시간씩 강도 높은 운동을 하고 저녁에는 술을 먹고... 그걸 한 달 동안 했어요. 어느 날은 도저히 못 일어나겠어서 병원을 갔더니 염증 수치가 보통 사람의 180배~200배가 나왔어요. 면역력이 약해지면 좀 쉬어줘야 하는데, 체력의 한계점을 찍고도 쉬지 않으니까 몸의 여러 군데에 염증이 생겼던 거예요. 한창 운동할 때라 그랬는지 제일 많이 쓰는 고관절인 골반 연골에 구멍이 났어요. 그때 행정고시를 준비하면서 아는 분 체육관에서 트레이너로 일하고 있었거든요. 행정고시는 3차까지 중에 2차가 제일 어려운데, 당시 2차를 이미 두 번이나 떨어진 후였어요.

그때 취업할 생각은 안 했어요?

그때 취업을 바로 해야 했는데, 운동하다가 자연스럽게 트레이너를 하게 되었어요. 트레이너를 한 지 한 달 만에 골반에 병이 생긴 거죠. 지금도 트레이너로 일하는 게 힘들지만 운동시장이 레드오션인 데다 굉장히 빡빡하게 굴러가거든요. 만약에 수업이 구멍이 나면 다른 트레이너가 대체해줘야 해요. 제가 다쳐버리니까 대체 인력을 뽑았어야 했는데, 돈 아끼려고 기존에 일하던 친구한테 돈을 좀 더 주고 그 친구가 제 몫까지 16시간 근무를 하기로 한 거예요. 저는 아파서 누워 있느라 자존심도 바닥인데 조직에 피해까지 입혀서 정말 처참했죠. 결국 한 달 후에 체육관으로 복귀했어요. 그게 사실 한 달 쉬어서 될 병이 아니었는데, 그 후로 온몸이 다 아프기 시작했어요. 균이 이미 몸에 침투한 상태여서 온몸을 다 돌아다녔어요. 특히 많이 쓴 부위 관절 같은 데로 침투해서 증상이 생기는데, 내 면역계가 균을 죽이면서 주변에 있는 모든 세포를 공격하는 거예요. 오른쪽 손목을 많이 쓰면 인대에 염증이 생겨서 막 부어버리는 거죠. 무릎은 번갈아가면서 아프고요. 근데 또 꾸역꾸역 헬스장 다니면서 시험 준비를 이어나갔어요. 저는 통증이 있는 게 병의 후유증인 줄 알았지, 새로운 병의 시작인 줄은 몰랐어요.

그 와중에 1차 합격하고 2차 떨어지고... 이걸 반복하다 보니까 또 1년 반이 지나 있더라고요. 사실 시험 준비는 장기간 끌어봤자 좋아질 게 없다 싶어서 준비 기한을 최대 2년으로 생각하고 있긴 했었어요. 열심히 해보고 잘 안되면 취업해야겠다 하는 생각을 하고 있었어요. 그래서 2년 해보고 빠르게 접었어요. 빠르게 접은 이유도 그 여자친구랑 헤어지고서 빨리 취업하고 싶어서였어요. 사실 뭘 준비한다는 건 힘든 거예요. 누가 지지해줘도 힘든 일인데 나 자신의 모습에 내가 만족하지 못하면 굉장히 자존감이 추락할 수 있어요. 그때 그나마 다행스럽게 무역회사에 입사해서 인사팀 막내로 일했어요.

시험 포기하고 취업하니까 어떤 생각이 들었어요?

사실 그때 제 주변에 의사가 된 친구도 많고, 후배들이 변호사가 되어 있을 때였거든요. 제 처지와 자꾸 비교가 돼서 힘들었죠. 저는 사실 스펙이 뛰어난 것도 아닌데 너덜너덜한 알량한 자신감만 있었어요. 뒤돌아보니 참 근거 없는 자신감이었지만요. 이제 생각해보니 제 노력이 부족했을 수도 있지만, 어느 수준에서 만족할 것인가의 문제인 것 같기도 해요. 타인이 만들어놓은 기준을 의식하니까 첫발을 디디는 게 어려워지는 게 아닐까 싶어요.

회사생활은 어땠어요?

몸을 안 쓰니까 회사생활이 헬스장보다는 나았어요. 그러다가 염증 수치가 높아지면 병원에서 소염제를 처방받곤 했는데, 그것도 안 먹히기 시작해서 진통제를 받기 시작했어요. 근데 진통제도 중독이 있어요. 아마 중독 직전까지 갔었을 거예요. 아예 내성 안 생기게 하려고 처음부터 진통제의 끝인 울트라셋을 처방받아 먹었어요. 오전에 두 알, 오후에 두 알씩 진통제를 먹지 않으면 절뚝거리면서 다녀야 했거든요. 제가 덩치도 크고 근육도 많은 편이라 복용량도 남들보다 2~3배는 많았어요. 그래도 진통제 먹으면 아무 데도 안 아프니까 너무 신나는 거예요. 근데 또 아픈 날은 침대에서 일어나서 씻으러 가는 것만도 지옥인 거예요. 특히 관절이랑 골반 같은데가 아프면

움직이기만 해도 수천 개 바늘로 찌르는 느낌이 들곤 했어요.

제가 술을 좋아하긴 했는데 진통제 때문에 안 먹고 있었거든요. 근데 회사생활 하면서 모든 회식을 거절할 수는 없었어요. 조금이라도 마시게 되면 그다음 날은 너무 힘들었어요. 그렇게 진통제 먹으면서 2년 다니다가 결국 증상이 심해져서 그만두고 쉬었어요.

쉬는 동안에는 뭐 했어요?

염증 때문에 움직이기 힘들어지니까 살이 엄청나게 찌기 시작했어요. 의사가 살을 빼야 한다고 해서 자전거를 타기 시작했어요. 근데 또 운동하던 습관이 남아 있으니까 자전거를 엄청 타고, 크로스핏하고 역도까지 해서 관절이 남아나질 않았어요. 딱 30kg 빼고 나니까 연골이 다 상한 상태더라고요.

왜 그렇게 극단적으로 운동을 했던 거예요?

회사를 그만두고 나니까 다시 잉여가 됐다는 생각 때문에 몰두할 게 필요했던 거 같아요. 물론 의사의 살 빼라는 권유가 있기도 했는데, 뭔가 좀 하고 있으면 덜 불안하잖아요. 그러니까 몰두하게 되고, 스스로 또 가혹해지게 되고... 그것의 연속이었던 것 같아요. 그러다 너무 아파서 치료를 받으면 그때만 괜찮고 며칠 있으면 또 아팠어요. 그렇게 2년 동안 고통에 절어 살다가 제가 류머티즘성 관절염에 걸렸다는 걸 알게 된 거죠.

염증이 악화해서 류머티즘으로 발전한 거예요?

아뇨, 이미 처음에 수술하고 나서부터 류머티즘성 관절염이 생겼던 거였어요. 이 병이 꼭 할머니 할아버지만 생기는 게 아니라 젊은 사람들도 생길 수 있는 거예요. 다른 말로 자가 면역 질환이라고 하는데요, 면역이 한번 뚫려서 병균이 들어오면 내 면역 체계가 나를 공격하는 거예요. 내 몸에 들어온 병균뿐만 아니라 일반 세포까지 사멸시켜버리는 거예요. 수술하고 나서 제대로 진단받았으면 통증으로 고통받지 않았을 텐데 4~5년 동안 모른 채 고통을 더 가중한 거죠. 이제는 6개월에 한 번만 병원에 가면 되지만, 어찌 보면 많이 꼬였다는 생각이 들어요.

어디서부터 꼬인 것 같아요?

시험도 그렇지만 건강 상태 때문에 20대에 영향을 많이 받았어요. 지금은 담담하게 얘기하는데 20대에 아팠던 게 충격이 컸어요. 진통제 중독도 힘들었고, 2교대로 헬스장에서 일했던 것도 건강에 악영향을 끼쳤던 거 같아요. 그때부터 내가 아파도 문제없이 일할 수 있는 걸 해야겠다 싶어서 몸을 많이 쓰는 일은 못 하겠다고 생각했어요. 그러면서 불로소득에 관심이 많이 생겨서 공부해서 주식하고 코인 투자도 했었어요. 다행히 그걸로 돈을 좀 벌어서 생활비로 쓰고 있어요. 근데 사회 경력이 단절되어서 다시 시험 준비했을 때 생각이 나기도 해요. 지금은 공사랑 노무사를 준비하고 있어요.

내가 바라는 나의 모습이 있다면요?

지금은 '1인분만 하고 싶다. 1인분이 참 힘들구나' 하는 생각을 많이 해요. 부모님이랑 살고 있는데 불편한 점도 참 많죠. 솔직히 주기적으로 들어오는 돈이 많으면 나가서 살겠는데, 부모님이랑 살면 유지비가 별로 안 드니까 나가기 쉽지 않아요. 부모님은 제가 어느덧 30대 중반이니까 빨리 다시 취직했으면 하는 바람이 있으시지만요.

사실 부모님한테는 아프다고 말 못 했었어요. 제가 자초한 일이라고 생각하니까 말을 더 못 하겠더라고요. 그러다가 어머니가 뇌경색에 걸리셔서 그나마 집에 있는 제가 어머니를 돌봐드리기 시작했어요. 거동이 좀 불편해지셨는데 지금은 많이 좋아지셨어요. 상황이 좋아졌다가 나빠졌다가 반복되니까 인생이 어떻게 하면 될지 정말 모르겠어요. 잠깐 좋아졌다가 쭉 나빠지고, 잠깐 좋아졌다가 다시 나락으로 떨어지고 하는 느낌이에요. 저는 명절에 친척들 모이는 시골에 안 간 지도 몇 년 됐어요. 그래서 부모님 뵐 때마다 죄송스럽고 뭔가를 하고 있어야 한다는 생각이 있어요. 아버지는 참다가 한 번씩 말씀하기도 하세요. 이제 자리를 잡아야 하지 않겠냐고, 좀 더 노력하라고요.

죽음을 생각한 적도 있었나요?

제가 그나마 견딘 건 부모님이 서울에 기반을 갖고 있어서였던 것 같은데 부모님도 나이가 들어가시면서 여기저기 아프기 시작하셨어요. 아버지는 당신 노후는 알아서 할 테니까 독립만 하라고 하시는데 제 몸도 아프니까 미치는 거예요. 그때 내가 없는 게 더 낫지 않을까 하는 생각을 했었죠. 현재를 사는 데 문제는 없는데 미래는 꿈을 못 꾸는 거죠. 아등바등 노력해서 딱 현상 유지만 가능한 정도였으니까요. 제 건강이 마지막 보루였는데 그게 뚫려버리니까 죽고 싶은 생각이 물밀듯이 왔었죠. 차가 지나갈 때 날 쳤으면 좋겠다는 생각 많이 했었죠.

요새는 어떤 마음으로 살아요?

다시 재취업하자는 마음으로 살아요. 최소한 부모님께 한 사람 몫은 하다가 죽더라도 죽어야지 하는 생각을 많이 해요. 첫 번째 회사 그만두면서 제가 하던 취미도 다 그만뒀거든요. 행정고시 접으면서 제 꿈도 접었고요. 지금은 그래도 매주 먹는 약은 있지만 양이 줄었고, 진통제도 끊고 몸이 좋아져서 나아지고 있어요.

사실 제가 너무 많은 실패를 경험하고 나니까 도전이 두려워져요. 부모님이 아프시니까 언제까지 실패할 수 있을까 싶어서요. 스스로 만족하지 못하고 계속 자책하게 되는 게 자기 굴레인 거 같아요. 뒤돌아보면 후회되는 게 너무 많아요. 지금은 당장 할 수 있는걸 하려고 해요.

만약에 삶이 얼마 남지 않았다면 어떤 것에 미련이 남아요?

고등학교 이후부터 한 번도 날씬한 적이 없었으니까 한 번은 날씬해보고 싶어요. 그걸 못 한 게 안타까워요. 내 가정을 못 꾸린 것도 아쉬워요. 삶에 대한 미련은 그거 말고는 없네요. 돈에 관련된 건 없는 걸 보니 저에게는 돈이 그냥 수단이었나 봐요.

나름 대로 할 거 다 해보고 살았다고 생각한다.
그러나 인생의 과업이라 생각했던 것들의 목전에서
늘 실패하고 좌절한 것이 매우 아쉽다.
그렇게 실패가 쌓이고 나이를 먹으며 평범한 한 사람
으로 유지하기 힘든 삶을 살았던 것을 보니
어차피 이렇게 될 것이겠으면 하고싶은 거 다하고
살았으면 어땠을까 하는 생각도 든다.
내 인생은 항상 실패와 후회만 가득 했다고
생각했지만 돌이켜보니 참 많은 사랑을
받으며 살아왔다는 것을 느낀다.
후회 그리고 아쉬움뿐이지만 이미 끝난 셈.
더 이상 미련은 없으리

12

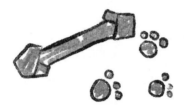

#디자이너
#창업
#동대문
#유기견
#비건

"

    아픈 상태로 80~90살까지 살고 싶지 않다고 엄마에게 말했더니 "나도 그랬어, 근데 너 내 나이가 몇 살인지 알아? 60이 넘었는데 내일모레 죽는다고 생각하면 억울해."라고 하시더라고요. 그러니까 사람은 살다 보면 더 살고 싶어지나 봐요.

"

그림은 언제 시작했어요?

그림은 어렸을 때부터 시작했고, 고등학교도 애니메이션 고등학교 나왔어요. 그림은 어떻게든 계속 그렸던 거 같아요. 사실 디자인을 할 마음은 없었는데 왜 디자인과를 갔는지를 모르겠어요. 아마 학원에서 디자인과를 추천해줘서 그냥 갔던 거 같아요. 그래도 디자인과 졸업해서 시각적으로 다른 사람들보다 디테일하게 볼 수 있다는 점은 좋다고 생각해요.

대학교 때는 뭐에 관심이 있었어요?

대학교 땐 '나 미대생이다' 하는 것을 표현하는 것에 최선을 다한 거 같아요. 그런 거 있잖아요. 나는 좀 특이하고 너네랑 다르고 좀 멋있고 쿨한 애야. 왜 홍대병이라고도 불렀었던 그런 거요. 20대 때는 내가 예술병에 취해 있었는지 몰랐는데, 요새 남편이랑 20대 초반 이야기 나누다 보면 예술에 심취해 있었다는 게 느껴져요. 지금은 묻혀 가고 싶고 눈에 띄기 싫은데, 20대 때는 지금과는 반대 방향에 있는 것들을 추구했던 거 같아요. 개성 많은 사람 속에서 나도 한 개성 하고 싶었어요.(웃음) 그래도 20대 때는 뭔가에 빠지면 굉장히 몰입했었던 거 같은데, 30대가 되고 나니까 뭔가에 깊이 빠지지 못하는 거 같기도 해요.

졸업하고 바로 취업했어요?

딱히 대학원을 갈 것도 아니고 유학을 하러 갈 것도 아니라서 당연히 취업해야 한다고 생각했어요. 패션 쪽 대기업에 취업한 선배가 와서 회사에 관해서 설명해주는 시간이 있었어요. 나름의 준비를 해서 면접도 예상외로 잘 봐서 한 번에 합격했어요. 회사 사람들도 괜찮고 같이 일하는 것도 재미있었던 것 같아요. 저랑 나름 잘 맞았었나 봐요. 그때 만약 사업을 시작했으면 제가 만든 디자인이 바로 제품으로 나오기는 힘들었을 텐데, 회사에서는 패션 그래픽을 만들면 제품으로 바로 나오니까 그게 설레고 재미있었어요. 근데 근무 시간이 너무 길었어요. 아침 7시에 출근해서 밤 12시에 퇴근하곤 했는데, 이게 쌓이니까 못 참겠더라고요. 매일 아침이 너무 괴로운 거예요. 이렇게 회사를 다녀야 하나 생각하던 차에 친구들이랑 사업해 보자는 이야기가 나와서 회사를 차렸어요.

회사원이었다가 사업을 하면 어떤가요?

재미있었어요. 그때가 26살쯤이었는데, 4명이 모여서 패션 소품 만드는 회사를 만들었거든요. 그땐 저희끼리 우리 너무 늦은 거 아니냐고 얘기하곤 했는데 지금 생각해보면 어려도 한참 어렸죠.

친구들이랑 같이 일하는 건 어땠어요?

친구로 지낼 때랑 같이 일할 때랑은 너무 다르더라고요. 예를 들어, 일을 처음부터 몰아쳐서 하는 친구랑 미뤘다가 몰아서 하는 친구랑은 맞을 리가 없잖아요.

그런 식으로 각자 일을 하는 리듬이 달라서 서로에 대한 불만이 쌓이기도 했어요. 아쉽지만 창업을 같이 했던 친구들과 다 같이 보는 일은 자연스레 줄어드는 것 같아요. 그래도 각자 좋은 경험을 한 것 같아요.

지금은 어떤 일을 해요?

지금은 남편이랑 같이 패션 도매업을 하고 있어요. 처음에는 힘든 부분이 있었는데, 아무래도 가족이다 보니까 서로 불만이 있는 건 완전히 솔직하게 말해요. 또 배려를 미리 하지 않아도 서로 어떤 상태인지 대충 알고 있으니까, 부부끼리는 같이 일하는 게 그렇게 힘들지는 않은 거 같아요. 내 할 일을 알아서 하게 된 지금 이 상황이 좋아요. 회사에서는 부속처럼 쓰인다는 생각이 들었었는데 지금은 그런 생각이 들지는 않거든요.

지금 하는 일은 어떻게 시작하게 됐어요?

결혼하면서 자연스럽게 시작하게 됐어요. 시부모님이 하시던 사업을 남편과 제가 물려받았어요. 원래 친구들하고 차렸던 회사도 패션 소품이었으니까 제조업을 기반으로 한다는 건 동일한 것 같아요. 어찌 보면 지금 하는 일도 그 연장선에 있는 것 같아요. 자연스럽게 이 일을 하게 된 것을 보면 저도 이 일이 싫진 않았었나 봐요.

일하면서 느끼는 게 있었어요?

처음에는 시부모님이 제가 시장에 대해서 아무것도 모른다고 생각하시는 게 싫은 거예요. 오히려 '왜 나를 무시하지, 너무 옛날 생각으로 그러시는 거 아닌가' 싶기도 했어요. 그렇게 건방진 생각을 하기도 했었는데, 일을 하다 보니까 오랫동안 일하신 경력에서 배울 게 많더라고요. '하라는 건 하자. 대신 우리가 해보고 싶은 것도 조금 해보자' 하면서 자연스럽게 남편과 제가 하고 싶은 것도 조금씩 해보고 있어요. 40~50대 엄마들 옷 제작해서 판매하는 걸 주로 하는데, 제가 엄마들이 뭘 좋아하는지 모르니까 공감이 잘 안되는 거에요. 그래서 제 또래인 30대를 겨냥한 옷을 만들기도 해요. 근데 신기하게도 옷을 더 젊게 만들면 30대도 사 가고 40~50대 엄마들이 젊은 옷 입고 싶어서 사 가기도 해요. 그런 것에서 재미를 느끼는 것 같아요. 우리가 딱 만들 수 있을 만큼만 만들고, 팔 수 있을 만큼 팔고, 벌 수 있을 만큼 벌어서 살고 있어요. 힘들지 않게 일하려고 마음을 먹어서 그런지 할 만해요.

디자인만 하는 게 아니라 장사도 해야 하는 데
어려움은 없었어요?

사실 장사는 70%가 말로 하는 것 같아요. 그래서 동대문에서 오래 일한 아줌마들은 말재주가 장난이 아니더라고요. 저는 처음에는 그게 너무 싫은 거예요. 왜 저렇게 입에 발린 소리를 하고 거짓말을 해서 물건을 파나 싫었어요. 그래서 그런 사람들하고 어울리는 것도 싫고, 내가 왜 4년제 대학 나와서 여기서 장사하고 있나 하는 생각을 하기도 했어요.

근데 생각해보면 카페에서 커피 파는 거나 옷 만들어서 파는 거나 사실 뭐가 다를까 싶은 거예요. 그때부터 마음이 편해지더라고요. 생각을 바꾸려고 많이 노력했더니 다르게 보이기 시작했어요. '이것도 얼마나 감사한 일이야. 돈 좀 못 벌더라도 재미있게 하자' 생각하니까 그때부터 조금씩 나아진 것 같아요. 회사에서 대리, 과장보다는 못 벌지만, 삶에서의 만족감은 더 올라간 것 같아요.

삶의 만족도를 유지하려고 어떤 노력을 해요?

나 자신에게 나 이 정도면 괜찮다고 계속 말해줘요. 이런 생각을 안 하면서까지 만족스러운 건 아니에요. 솔직히 인스타그램을 보고 부러운 사람들이 많아지면 내 삶이 불만족스러워지기도 해요. 그래서 웬만하면 다른 사람들이 올리는 사진에 감정이입 하지 않으려고 하고, '얘도 좋은 것만 골라서 올렸겠지, 몇 장을 찍었겠어~' 하는 가벼운 마음으로 보려고 해요.

요새는 몇 시간 일해요?

정확한 출퇴근 시간은 없지만 7시간 정도씩 일하는 것 같아요. 디자인하는 일이 바쁘긴 한데, 공장에 주문을 넣고 나면 여유가 찾아와요. 밤에는 남편이 판매하니까 같이 가서 2~3시간은 돕고 집으로 돌아와요. 동대문에서 옷 도매하는 쪽에는 바쁘게 사는 사람들이 정말 많거든요. 왜냐면 일하는 만큼 돈이 쌓이는 동네라서 그래요. 돈이 쌓이는 걸 느껴본 사람은 휴가도 반납하고 일한다는데, 저는 아직 그걸 경험해보지는 못해서 더 하면 더 벌 수 있을 것 같기도 하지만 '그냥 이만큼만 하자' 생각해요.

경기가 안 좋거나 할 때는 어떤 마음으로 일해요?

요새는 장사가 잘 안되긴 해요. 매출을 기록하고 있는데 작년 대비 점점 매출이 떨어지니까 장사를 계속할 수 있을까 생각이 들기도 해요. 근데 이거 안 하고 뭐 할지 생각해보면 마땅한 것도 없어요. 사람들이 옷은 계속 사서 입을 거니까 그냥 너무 욕심부리지 않으면 계속 이어나갈 수 있을 것 같아요. 남편과 우리가 원하는 방향대로 해보자고 의견이 모이고부터는 재미있게 할 수 있게 된 것 같아요.

나를 힘들게 했던 관계는 없었어요?

제가 특히 20대 때는 인간관계나 대외적으로 보이는 나의 모습을 엄청 중요하게 생각했던 사람이거든요. 저에게는 누구에게나 좋은 사람으로 보이는 게 끔찍하게 중요했던 거예요. 가족들에게도 착하고 올바른 딸이어야 하고, 모든 역할에서 괜찮은 사람이라고 인정받고 싶었어요. 근데 결혼하고 나니까 누군가의 아내라는 중요한 역할뿐만 아니라 친정 부모님께 딸로서 더 잘해야 한다는 책임감이 커졌어요. 시부모님들한테는 또 며느리로서의 역할이 생기는 거잖아요. 결혼한 이후에 아무도 저한테 뭐라고 하지 않았는데 저 스스로가 가족들과의 관계가 버거웠어요. 내 여동생한테조차 출가한 언니로서 더 챙겨줘야 할 것 같은 생각 때문에 힘들기도 했어요. 내가 과부하되어서 더 못 견디겠더라고요. 그때 들었던 생각이 '내가 왜 모든 사람한테 좋은 사람이어야 해? 내가 왜 좋은 딸이고 좋은 며느리고 좋은 아내여야 해?'였어요. 그 생각을 결혼하고 버거워지면서 처음 했어요. 가까운 관계가 힘들었는데 지금은 신경 안 쓰려고 하다 보니까 좋아진 것 같아요. 이제 다 잘하려고 하지 않기로 했어요.

결혼하고 느낀 게 있다면요?

이 사람이랑 결혼하길 잘했다는 생각이 들어요. 남편은 진짜 편안하고 솔직해요. 제일 중요한 거는 우리 둘이 뭔가 계속 같이 하고 싶은 마음이 든다는 게 좋은 거 같아요. 이야기도 많이 하고 싶고, 재미있는 영화가 나오면 이 사람이랑 보러 가고 싶고, 좋은 여행지가 있으면 같이 가고 싶어요. 같이 하고 싶은 게 많다는 건 취향이 맞는다는 거잖아요. 취향이 안 맞더라도 다른 취향을 존중해줄 줄 알고 마음이 열려 있는 게 중요한 거 같아요. 처음부터 취향이 잘 맞았던 건 아닌데 지금은 아주 비슷해진 것 같아요.

보통 좋은 관계 속에 있으면 죽음이 두려워진다고들 하는데, 그런 생각 해본 적 있어요?

죽는 게 두렵다는 생각은 안 해본 것 같아요. 그냥 원래 그랬는지는 모르겠는데, 죽는다는 것에 대한 미련이나 두려움은 없어진 거 같아요. 사람 중에서 가장 큰 영향을 준 건 남편이긴 한데, 사실 제 인생의 전환점은 우리 집 강아지를 만난 일인 것 같아요. 제가 동물을 엄청나게 좋아한다거나 하는 사람은 아니었거든요. 동물을 위해서 뭘 하고 싶다거나 자연을 위해서 뭘 하고 싶다거나 하는 생각을 하는 사람은 아니었어요. 그냥 도시에 사는 평범한 사람이었는데, 유기견을 데려오면서부터 사람은 그냥 동물 중의 한 종류고 별것 아니라는 생각이 들었어요. 내 인생 자체도 무게감 있게 살고 싶지 않다고 해야 할까요. 그냥 식물이나 길고양이가 살다가 죽는 것처럼 살다가야겠다는 생각이 들었어요. 근데 시한부를 선고받았다고 하면 또 이렇게 가벼운 마음을 가질 수 있을지는 장담 못 하겠어요. 죽음을 목전에 둔 상황에 놓여보지 않았으니까 이렇게 말할 수 있는 건지도 모르겠어요. 만약 3개월만 남았다 하면 미련이 많이 남을 것 같기도 해요.

반려견과의 이별을 생각해본 적 있어요?

우리 집 강아지는 임시보호소에 있는 유기견이었는데, 제가 안 데려왔으면 아마 안락사당했을 거예요. 어차피 2주 살 애였는데 우리 집 와서 일 년만 행복하게 살아도 괜찮은 거 아닐까 하는 가벼운 마음으로 데려왔어요. 이별이 있을 수 있지만 살아 있는 동안은 나랑 즐겁게 살자 하는 마음이에요. 근데 얘가 없다고 생각하면 벌써 너무 슬퍼요. 근데 제 마음대로 되는 게 아니니깐요.

죽음과 가까운 경험을 해본 적은요?

작년에 친할아버지가 돌아가셨는데, 결혼하기 전까지 본가에서 같이 살았거든요. 마지막에는 너무 아프셔서 이렇게 고통스러우면 사는 게 의미가 있나 싶을 지경까지 가셨었어요. 그걸 보면서 나는 마지막에 이렇게 아프면서까지 살고 싶지 않다는 생각을 많이 했어요. 마지막에 돌아가실 때 제가 옆에 있었는데 오히려 편안해 보이셔서 슬프면서도 죽은 다음에 어떻게 되는지는 모르지만 편하게 가신다는 생각이 들더라고요.

모르는 것에 대한 두려움이 있으니까 죽고 나서 어떻게 되는 걸까 하는 생각을 할 때도 있었는데, 미리 무서워한다고 달라지는 건 없으니까요. 아픈 상태로 80~90살까지 살고 싶지 않다고 엄마에게 말했더니 "나도 그랬어, 근데 너 내 나이가 몇 살인지 알아? 60이 넘었는데 내일모레 죽는다고 생각하면 억울해."라고 하시더라고요. 그러니까 사람은 살다 보면 더 살고 싶어지나 봐요.

어떻게 죽고 싶은지 생각해본 적 있어요?

저는 자연재해로 죽고 싶어요. 지진, 화산 폭발, 쓰나미 같은 걸로요. 어쩔 수 없는 상황에서 자연으로 돌아가는 게 좋겠다는 생각이 들었어요. 그동안 지구에 폐를 끼쳤으니까 그렇게 죽으면 참회하는 마음으로 갈 수 있을 것 같아요.

만약 유서를 쓴다면 어떤 내용을 쓸 것 같아요?

처음에는 남겨지는 사람들한테 메시지를 남겨야 하는 거 아닌가 하는 생각이 들었는데 그것도 아닌 거 같아요. 가상으로 쓴다지만 고민이 많이 되더라고요. 여행 갈 때도 남편한테 편지를 쓴 적이 있는데, 강아지 챙겨줘, 세탁기 어떻게 해줘 하는 이야기를 썼었어요. 그런 편지의 확장이 아닐까 하는 생각이 들어요.

남은 삶에서 바라는 점이 있다면요?

저 자신이 욕심 없이 적당히 만족하며 사는 걸 잊지 않았으면 좋겠어요. 강아지 키우게 되면서 동물 학대를 알게 되고 윤리에 관심 가지게 되었거든요. 그러면서 채식을 하게 되고 적당히 먹고 내려놓는 법을 배우게 됐어요. 욕심부리지 않고 적당히 필요한 만큼만 소비하면서 사는 것, 그게 제일 중요한 거 같아요. 옷 입는 거든 뭐든 가볍게 간략하게 살고 싶어요.

한 가지 극복하지 못한 게 있다면 제 외모에 대한 것 같아요. 더 예뻐지고 싶다거나 연예인처럼 되고 싶다거나 하는 욕심이 있는 건 아니에요. 그냥 자연스러운 모습을 보여주는 게 아직도 쑥스러워요. 외모에 대해서만큼은 끝끝내 내가 한 단계 나아가지 못한 거 같아요. 화장하지 않은 내 모습을 아직은 좋아하지 못하겠어요.

더 하고 싶은 말 있어요?

얼마 전에 홍대 근처에 있는 땡스북스라는 서점에 갔었어요. 조용한 노래가 나오고 책도 주제별로 잘 정리되어 있고 심지어 점원까지 그 공간에 너무 어울리는 사람이 있는 거예요. 이 공간이 너무 좋다고 생각하던 찰나에 우리 엄마뻘 되는 아줌마들 여섯 명이 나들이하러 나왔다가 들렀는지 우르르 들어오신 거예요. 그 순간에 그 공간이 갑자기 소음으로 가득 차버렸어요. 여기 앉아봐요, 사진 찍어줘요, 하면서 사람들을 막 치고 다니는 거예요. 그 사람들 여섯 명이 들어옴으로써 그 공간이 불편해지고 빨리 나가고 싶어지더라고요. 뭐든지 사람이 제일 중요하다는 걸 다시금 깨달았어요.

아무리 훌륭하고 멋진 것도 나랑 맞지 않는 사람이랑 있으면 좋지 않은 것처럼요. 카페에 갔는데 커피 맛이 별로라든지 실내장식이 나빠도 좋은 사람과 있었거나, 혼자였어도 주변 사람들이 좋았다면 나는 거기가 좋았을 수도 있는 거거든요. 그러니까 내 주변에 누가 있느냐도 나한테 영향을 많이 미친다는 생각을 많이 해요.

유서

우선 이 유서를 가장먼저 발견했을 누군가에게
내 옆에 있어주어 고마웠다고, 그리고 너무
놀라거나 슬퍼하지 말아주라고 애기하고싶습니다
당신보다 먼저 가는것에 매우 미안한
마음입니다.

지금 생각해보면 지독하게 싫어하는것도
많았지만, 좋아하는것도 많은 순수한 마음이
남아있는 삶이었습니다. 이제상 마지막 순간이
되니 그 좋았던것들이 떠올라 슬프면서도
나쁘지 않은 기분입니다. 그러니 정말로
슬퍼하지 말아주세요.

강아지나 산책하는것, 예쁜색의 채소를 요리하는
것, 비슷한 사람한테서, 않은 마신뒤 마시는
시원한 맥주, 여행에서 돌아와 서도착기튼
들그는것, 당신과 이야기 나누는것
이런것들이 떠오르네요.

내가 약한 아쉽네나 인상적인 순간에
잠시라도 '아 그사람은 이런걸 좋아했구나'
라고 나를 기억해주면 좋겠어요.
마지막이니까 이정도 부탁은 해도 되겠죠?

내가 떠난 당신의 삶으로 많은 허전하겠지 그래도
시간이 지나면 자연스럽게 비워진 부분도
채워지거라고 생각합니다.

부디 나의 빈자리를 채워주려고 서로 의무감에
부담갖지 않아주세요. 살면서도 타인에게
편안한 누군가가 되고싶었고 죽어서도 그냥
편안하게 떠오르는 사람이고 싶습니다.
가족들, 친구들, 마음의 짐을 갖지 마세요.
그리고 진심으로 건강하고 행복하게 살기
바랍니다.

나는 늘 좋은사람이고 싶었습니다.
결혼이라 죽어라도 노력하고 그 마음대 없이
스스로를 힘들게 하면서도 정말 않았습니다.
그런게 마지막이 되어 생각해보니, 나를
좋은사람이라고 생각했을 당신들은 내가
어떻게하여도 믿어질거고 반대로 내가
아무리 노력해도 마음이 없는 사람들은 날
좋아하지 않았을 것 같습니다.
사랑하고 믿어준 당신에게 옳이
더 많은 시간과 마음을 쓸지 못한것이
후회되네요.
몸과 마음은 사라지겠지만 그래도
사랑하겠습니다.

마지막까지, 내가 스스로 극복하지 못했던것들,
이해하지 못하거나 받아들이지 못한것들,
늦었지만 사랑하며 털어내서 가볍게 떠날게요.
당신은, 남아있는 사람은, 살면서 마음속에
있는 버듯을 감사나 허물면서 유연하게 지내길
바랍니다.

장례는 간소하게 해주시고 가능하다면
수목장을 해주세요. 나무를 잘 가꾸어주세요.
한동안 동물과 식물, 자연과 지구에 관심이
많았어요. 내가 풀이되고 땅이되고 나무가
된다는 건 어떤면에선 행복하기까지 합니다.
그러니까 웃으며 나무에 묻을 주세요.

당황하고 바쁘지만 결국 마지막 인사는

어떤이에겐 정말 미안했고,
어떤순간은 진심으로 감사했고,
어떤형태로든 늘 사랑했습니다.
미안하고 감사하고 사랑합니다.

가족과 친구 내 동물친구
우리가 다시 만날때까지 나는 그모습도
아름답게 훌훌히 남아있을거예요.

꼭 언젠가 다시 만나요

13

#성폭력피해자

#NGO

#제작자

#평화와사랑

"

　3학년 때 기억이 나는 건 바른생활 문제집을 달달 외워서 문제를 맞히면 안 맞고, 틀리면 발바닥을 맞았던 기억이에요. 그런 것들을 경험하면서 그냥 뭔가 튀면 안 된다든지 도드라지면 안 된다는 생각을 하게 되었던 거 같아요.

"

무슨 일을 하고 있어요?

사회생활의 첫발은 공기업 인턴으로 시작해서 사회적기업에서 일했어요. 그 후에 평화와 관련된 기관에서 일하면서 평화에 관해서 관심을 많이 갖게 되었어요. 평화와 관련된 공부를 하는 학교에 들어가서 한 학기 공부를 했고, 그 후에 삶의 기술을 배울 수 있는 곳에서 공부했어요. 최근에는 주 3일은 정기적인 일을 하고 있고, 나머지 시간에는 지원 사업을 따서 제작한다거나 하는 일을 하고 있어요.

평화에 대한 관심을 갖게 된 계기가 있어요?

제가 조직이라든가 사회생활에 어울리지 않는 사람이라는 생각을 늘 하고 있었어요. 뭔가 문제라고 생각하거나 불편한 지점에 관해서 이야기를 할 수 있으면 좋은데, 제가 얘기를 잘 못하기도 하고 얘기를 하더라도 뭔가 어긋나는 지점이 있었어요. 어렸을 때의 경험이 많은 영향을 줬던 것 같고요.

제 고향이 지방의 작은 동네인데요, 시골이라고 할 수 있을 정도로 작은 곳이에요. 시골에서 나고 자라면서 겪었던 건 공동체가 워낙 작다 보니까 같은 구성원을 이곳에서 만나면 저곳에서도 만나게 된다는 거였어요. 그러면서 교회에서 순종하라는 걸 많이 배웠는데, 초등학교 때는 시골 학교여서 그랬는지는 모르겠지만, 저희 세대에 있으면 안 되는 교련 같은 수업을 많이 했어요. 기계체조라든지 집합같이 군대 문화를 기반으로 한 활동들이 있었어요. 하나의 틀이 있고 그게 선생님의 절대 권력으로 움직이는 구조랄까요. 그런 것들을 초등학교 때 경험하면서 모든 학교가 그런 줄 알았어요. 운동회 때도 기계체조를 하고 인간 피라미드를 쌓는다든지 했어요. 3학년 때 기억이 나는 건 바른생활 문제집을 달달 외워서 문제를 맞히면 안 맞고, 틀리면 발바닥을 맞았던 기억이에요. 그런 것들을 경험하면서 그냥 뭔가 튀면 안 된다든지 도드라지면 안 된다는 생각을 하게 되었던 거 같아요.

또 다른 계기는, 초등학교 때 성폭력을 당한 일이에요. 가해자 동생이 저랑 친한 친구였는데, 그 친구가 망을 보고 저는 성폭력을 당했어요. 당시에는 그 상황이 너무 무서워서 저항을 못 했어요. 그 후에도 오히려 저 자신이 죄책감으로 오랫동안 힘들어했어요. 내가 잘못해서 이런 일이 생겼다고.... 절대로 내가 뭔가를 여지를 주거나 하면 안 된다고 생각했어요. 이런 개인적인 경험으로도 나의 존재를 드러내는 방향으로 행동하면 위협이나 공격을 받을 수도 있다는 생각을 하게 되었어요. 동네가 좁다 보니 그 후로도 가해자랑 계속 마주치게 되어서 '너 그때 이랬잖아' 하는 말로도 성추행을 당했어요. 그래서 중학교부터 고등학교 때까지는 존재하지 않는 사람처럼 저 자신의 존재감을 감췄어요. 그땐 내 존재가 사라지면 좋겠다는 생각을 많이 했어요. 다행히 고등학교 때 그 이야기를 할 수 있는 친구를 만났고, 그 친구가 "네 잘못이 아니야."라고 자주 말해줬어요. 그때서야 내 잘못이 아니라고 생각하게 되었어요.

가해자가 동네 사람이다 보니까 계속 마주치게 되고, 그런데 그 사람은 아무렇지도 않게 잘 지내고 심지어 저한테 인사도 하는 거예요. 그게 너무 힘들었던 것 같아요. 당시엔 어떤 감정이었는지도 잘 몰랐는데 저 스스로를 많이 겨냥했어요. '네가 잘못했어, 네가 실수했어, 네가 잘못한 거잖아'라고 스스로에게 계속 말했던 것 같아요. 10대의 나는 그때 어디서부터 잘못된 건지도 모르는 상황이 너무 힘들었어요.

가해자와 거리를 둘 수 있게 된 시점이 언제예요?
고등학교 때 제 잘못이 아니라고 말해준 그 친구를 만나면서부터였던 것 같아요. 그 사람을 결국에는 용서했어요. 나를 위해서요.

가해자 외에도 살면서 나를 힘들게 했던 관계가 있나요?
유년 시절에 겪었던 사건으로 인해 불편했던 관계는 사랑이나 애정과 같은 감정에서 시작된 것이 아니라 별안간 일어난 하나의 사건이었으니까 제 잘못이 아니라고 생각하고 벗어나겠다고 마음먹으면 벗어날 수 있었거든요. 그런데 내가 정말 좋아하고 사랑하는 사람과의 관계는 어려웠던 것 같아요. 지난 2년간 사귀고 싶은 사람이 있었는데 사귀지는 않으면서 자기가 원하는 건 다 요구했거든요. 저는 제가 정말 사랑하고 좋아하니까 무한한 애정과 믿음을 쏟아부었어요. 그런데 상대방은 그걸 거절하고 "너는 네 감정에 빠져 있는 거지 나를 사랑하는 게 아니다."라고 했어요. 그때 저는 제 존재를 부정당한 느낌이 들었어요. 그 사람 앞에서는 말을 하는 게 무서웠어요. 제가 더 노력하고 변하면 된다고 생각하게 되니까 자존감도 많이 낮아졌어요. 힘들 때는 같이 있어달라고 하고, 그럼 우리가 좀 더 발전하는 관계가 된 건가 싶어서 다른 걸 이야기하면 선을 그으면서 연락하지 말라고 하는 식이었어요. 길에서 싸우게 되면 저한테 막 화를 내고 가고, 저는 그걸 풀고 싶은 마음에 쫓아가게 돼요. 저는 간청하고 애걸하면서 다 무너지는 느낌이 드는 거죠. 그렇게 2년 정도 지속하면서 너무 힘이 들었어요. 나중에야 깨달았죠. 그 사람이 좋은 사람일 순 있지만, 그 관계는 저한테 안 좋았다는 걸.

근데 '너한테 가스라이팅 당했다, 정서적 폭력을 당했다, 너는 가해자다' 같은 말을 상대에게 들은 것은 정말 충격적이었어요. 저 또한 누군가한테 가해자가 되었다는 게 너무 힘들었거든요. 너무 힘들었을 때 자살 충동을 느끼기도 했어요. 제가 그렇게까지 사람을 좋아했던 적도 처음이었어요. 그런 관계를 겪어본 적이 없어서 더 힘들었던 것 같아요. 저는 아파도 함께할 수만 있다면 가능한 관계라고 생각했는데 결국에는 저한테는 트라우마로 남은 것 같아요.

심리적으로 힘들 때 상담을 받으러 간 적은 없었어요?

자살하고 싶은 생각이 들었을 때 이게 온전히 나의 문제인가 싶어서 상담을 받으러 갔었어요. 정말 난 힘들고 죽을 것 같은데 상담 선생님이 "아 그거 별일 아니에요. 다른 사람도 그런거 다 겪고 있어요."라고 하는 거예요. 그 후로 상담에 대한 불신이 생겨서 안 갔어요. 상담을 받게 되더라도 누구한테 받느냐에 따라 많이 달라지는 것 같아요. 결국에 그건 그냥 그 사람이 하는 이야기인 거지 내 안에서 정리를 하는 건 나 스스로해야 한다고 생각해요. 이제는 저도 할 수 있다고 생각하고, 스스로 건강한 사람이고 회복이 잘되는 사람이라고 생각해요.

레즈비언이라고 얘기해주셨는데, 성적 지향을 깨달았던 계기가 있어요?

고등학교 때 처음 사귀었던 사람이 여자예요. 제가 처음 만났을 때 이 사람은 나의 소울메이트인가 싶은 생각이 들 정도였거든요. 정체성에 대한 고민은 없었고 자연스럽게 그 사람이 좋아서 사귀게 되었어요. 저는 사람에 대한 호기심이 큰 편이에요. 섬세한 부분, 좋아하는 지점이 보이면 사실 누구든 상관이 없는 것 같은데, 제가 좋아하는 섬세한 부분이 여성에게서 많이 나타나는 것 같아요. 그 후에 20대에 들어서 레즈비언 이야기인 드라마 <엘 워드 The L Word>를 보게 됐는데, 보면서 나의 정체성에 대해 고민하게 되었어요. 20대 중반에 커뮤니티 활동을 하면서 사람들도 만나보고 했어요. 레즈비언 커뮤니티가 아주 좁은 사회여서, 그런 커뮤니티를 이용하지 않으면 사람을 만날 수 없는 게 힘들었어요. 그런데, 같은 성끼리 모인 곳에서도 성 역할을 나누는 그룹이 있는 게 이상했어요. 그냥 성별이 같은 사람들이 만날 뿐이지 똑같은 사회예요. 지금은 저의 정체성을 잘 모르겠어요.

남자를 좋아해본 적도 있어요?

다큐멘터리를 만들면서 만난 사람을 좋아했었어요. 제가 <네 멋대로 해라>라는 드라마를 너무 좋아해서 거기에 나온 양동근 같은 캐릭터를 만나고 싶다는 생각을 항상 했었는데 그 사람이 그랬어요. 나이 차이가 12살 정도 났고 어른 같은 사람이었어요. 근데 그 사람이 제가 좋다고 하는 순간 경제적인 안정이라든지 하는 조건이 보이는 거예요. 여성과의 관계에서는 그게 안 보였는데, 이성에게서는 그런 생각이 든 게 신기했어요. 이 사람이 여자라면 내가 만났을까 생각하기도 했지만, 내가 속물이라는 걸 부정하고 싶어서였는지 사귀지는 않았어요.

더 하고 싶은 말이 있다면요?

근래에 교육 관련된 일을 위해서 청소년들과 만나는 시간이 있었어요. 거기서 한 그룹이 '여성을 상대로 한 성범죄'에 대한 미디어를 만들기 위해서 각자의 경험을 말하는 시간이 있었어요. 가슴이 나왔다는 것 그 자체에 대한 성희롱 이야기가 나왔어요. 이 친구들이 나누는 얘기를 듣고 저도 모르게 눈물이 울컥 나오더라고요. 사실은 저도 초등학교 때의 경험이 무척 상처가 되었는데 제가 덮어뒀던 거더라고요. 그게 아무것도 아니라고 생각할 수도 있겠지만, 움츠러들게 되고 두렵고 나의 몸을 부정하고 나를 싫어하게 되거든요. 근데 참가자들이 가해자가 잘못한 거지 피해자가 잘못한 게 아니라는 걸 항의하고 저항할 거라고 하더라고요. 그 말에 저도 큰 위로를 받았어요.

안녕, 내 사랑.

마지막으로 남기는 글이 당신에게 쓰는 편지라서 좋아요.

당신을 떠올리며 글을 쓰려하니 얼굴에 웃음이 감도네요.

당신은 그러겠죠? 이런 상황에서도 웃음이 나오냐고.

그러면서 따라 웃고 있을 당신도 그려봅니다.

나는 당신을 만나고 참 많이 달라졌어요.

가끔씩 불안하거나 두려워하던 마음들이 사라지고 확신이,

믿음이 굳게 자라났죠. 나의 질투도 못 마음이 아닌 특정도

어여쁘게 받아주어서 고맙습니다.

당신이 있었기에 나는 좀 더 나를 사랑할 수 있었어요.

무지개 같은 사람. 고맙습니다. 그리고 내 유언을 들어줘서 고마워요.

번거롭고 신경 쓰이는 일이었을 텐데 내색하지 않고 하게 두어줘서 말이에요.

당신은 늘 그랬어요.

어떤 일이든, 무엇을 하든 당신이 즐겁고 행복하다면 그대로 하세요.

당신이 하는 일은 다 좋은 일인 걸요." 라고 지지해주었죠.

그 응원은 내내 못 잊을 거예요.

내 장례식, 아니 장례축제를 열어주어 고마워요.

예전부터 기대했던 축제였어요.

나는 내가 죽으면 여느 장례문화처럼 장례식장에서 하고 싶지 않았어.

나를 사랑하는 사람, 내가 사랑하는 사람, 나를 아는 사람,

내가 아는 사람들이 내 마지막을 보기 위해 우리집에 오길 바랐어.

정원에서 식사를 하고, 악기를 연주하고 싶은 사람은 연주하고

춤을 추고 싶은 사람은 춤추고, 노래하는 싶은 사람은 노래하고,

서로 울고 싶은 사람, 그림을 그리고 싶은 사람,

아무것도 하고 싶지 않은 사람.

나를 보내며, 또는 그들의 일생에서 한번 밖에 없을 특별하면서
특별하지 않은 하루를 보내며 그대는 제각각의 감정, 생각, 느낌을
이 공간에 흘러 보내길 바랐어요. 나는 그것만으로도 행복할 테니까요
그리고 그대가 내 곁에 있어줄 테니까.
너무 많이 울지 말아요, 내 사랑.
모두들, 고마웠습니다.

14

#디자이너
#훌라
#하와이

"

죽고 싶다는 생각보다는 사람은 언제든 죽을 수 있
다는 생각 말이에요. 인생이 내가 계획한 대로 되는
게 아니잖아요. 계획했다고 해도 언제든 내 삶이 끝
날 수 있잖아요. 그런 생각이 항상 있는 거 같아요.
그래서 죽음에 대해서 안 좋은 쪽으로 생각하기보
다는 언제든 죽을 수 있는 삶이기 때문에 후회 없이
살아야겠다는 생각을 자주 해요.

"

사회생활은 어떻게 시작했어요?

디자인과를 졸업하고 취업해서 1년 정도 그래픽디자이너로 일했어요. 주 업무는 CI 디자인부터 매장에 들어가는 사인, 메뉴판, 포스터 같은 것들을 만드는 일이었어요. 1년 정도 다니다가 주변 친구들과 창업 이야기가 나오면서 자연스럽게 퇴사를 결정하게 됐어요. 친구들과 일하면서 훌라를 취미로 시작했다가 지금은 훌라가 메인이 되었어요.

친구들과 창업은 어땠어요?

힘든 점도 있었지만, 그때 고작 20대 후반이었는데 '나이가 들어가는데 이렇게 일을 저질러도 되나' 하는 생각을 했었어요. 정말 0에서부터 시작했으니까 경제적으로는 힘들었어요. 첫 달에는 월급을 15만 원씩 가져갔었나 그랬어요. 젊었으니까 가능했던 것 같아요. 경제적으로는 힘들기도 했지만, 다시 돌아보면 즐겁게 했던 거 같아요. 그 친구들과 다시 같이 일하기는 힘들겠지만, 그 경험을 통해서 각자 챙긴 건 많은 것 같아요. 지금 하는 일에도 거기서 배운 걸 활용하는 게 많거든요. 지금 저는 디자인과는 굉장히 다른 훌라를 하고 있지만, 관련 없다고 생각했던 일들이 제가 여기까지 올 수 있도록 길을 만들어줬거든요. 예를 들어 제가 티셔츠 그래픽을 많이 했었는데요. 제가 하와이에 훌라를 배우러 가고 싶어서 현지에 있는 회사를 알아봤었거든요. 관광 상품을 만드는 회사였는데, 의류도 밀고 싶었던 거예요. 그래서 그 회사에서 관광 상품과 의류 디자인을 하면서 훌라도 배울 수 있었어요. 그래서 뭔가 관련 없는 일 같았는데 살다 보니 쓸모가 있는 일이 되었던 거죠.

훌라를 하게 된 계기는요?

사실 초등학교 때부터 춤을 항상 좋아했고 계속 추긴 했는데 어렸을 때부터 통통해서 제가 자신감이 없었어요. 저 자신에 대해서 잘 몰랐던 거 같아요. 대학교에 와서는 기회가 될 때 춤을 추긴 했는데 재능이 있다고는 생각 안 했던 것 같아요. 대학교 3학년 때쯤 인생에 대한 고민이 많을 때 디자인 말고 뭐 하고 싶은 거 없는지 고민을 해본 적이 있어요. 제가 어렸을 때 4년 정도 베트남에 살면서 외국인 학교에 다녔는데, 그때 뮤지컬 <오즈의 마법사>에 참여해본 적이 있어요. 그때를 떠올려보면 뭔가 좋았어요. 다시 뮤지컬을 하는 기회를 마련해보고 싶어서 뮤지컬 학원을 찾아갔어요. 발표회를 보고 너무 해보고 싶어서 1년 정도 학원에 다녔어요. 다니면서 내가 노래와 연기에는 소질이 없지만 춤에는 조금 재능이 있다는 걸 확인했어요. 게다가 춤은 내가 항상 좋아했던 거니까 취미로라도 계속 이어가야겠다고 생각했어요.

그 후에 친구들과 창업할 때 취미로 훌라를 시작했어요. 창업하던 친구들과 자연스럽게 흩어지게 되어 직장을 다니면서 훌라를 계속할까 고민하던 차에, 훌라협회 회장님이 강사를 해보지 않겠냐고 제안하셨어요. 계속 불안정한 삶을 살았기 때문에 훌라를 계속하면 경제적으로 안정이 될 것 같지 않아서 고민이 됐어요. 저희 엄마가 생각이 개방적이신데, 남들 다 하는 거 하지 말고 안 하는 거 하는 게 좋을 것 같다고 말해주셨어요. 취직하지 말고 훌라를 계속하는 게 어떻겠냐고 하셨는데, 저도 사실 누군가 한 명이라도 훌라를 하라고 말해주길 바랐던 것 같아요. 엄마한테 그 말을 듣고 나서 더 나이 들기 전에 해봐야겠다고 생각하고 용기를 냈죠. 그래도 영어를 좀 할 줄 알아서, 영어유치원에서 파트타임을 하면서 훌라를 계속했어요.

훌라를 추면서 깨닫게 된 게 있다면요?

제가 지금 있는 위치에서 보니까 제 성향인 거 같아요. 저는 남들이랑 같은 걸 하고 싶어 하지 않는 거 같아요. 반항적인 마음에 다수를 따르기 싫은 건 아닌데, 내가 빠지는 것들이 남들이 잘 안 하는 것들인 거 같아요. 친구들과 사업해본 것도 그렇고, 훌라를 택한 것도 그렇고요. 만약 회사를 선택할 때도 큰 잡지사랑 독립잡지사가 있었다면, 큰 데를 들어가면 할 일이 뻔하죠. 의상 픽업하고 허드렛일부터 시작할 텐데, 작은 회사에 들어가면 내가 편집 업무도 하고 디자인도 주체적으로 하고 인터뷰도 갈 수 있다고 생각되거든요. 그러니까 두 개를 놓고 본다면 저는 큰 기업의 부속품이 되기보다는 작은 회사를 택하는 성향인 거 같아요.

경제적인 불안정은 어떻게 견뎠어요?

저희 집이 엄청 풍족하거나 그런 건 아닌데, 그냥 제 성격인지 뭔지 모르겠지만 돈에 대한 집착은 없는 거 같아요. 이게 반항심인지 뭔지는 모르겠어요. '나는 돈 없이도 살 수 있다' 같은 건 결코 아니에요. 요즘엔 내가 많이 벌 수 없으니까 이 정도도 괜찮다고 합리화하는 건지도 모르겠다고 생각하기도 해요. 돈이 많으면 좋겠지만 돈만 좇는 삶을 살고 싶지는 않아요. 제가 훌라를 열심히 하고 있으면 돈이 따라와주는 그런 거면 좋을 것 같아요.

하와이는 어떻게 가게 됐어요?

저는 훌라를 더 배우고 싶어서 배움에 대한 목마름이 컸어요. 나의 스승님이 나를 가르쳐야 나도 학생들을 가르칠 텐데, 내가 배울 수 있는 게 별로 없었어요. 하와이로 갈까 생각했을 때가 서른이었는데 댄서로서는 적은 나이가 아니니까 몸이 더 늙기 전에 열심히 써보고 싶은 마음이 들었어요. 한국에 훌라가 들어올 때까지 기다리다가는 너무 오래 걸릴 것 같았어요. 하와이는 영어를 쓰니까 괜찮겠다 싶었어요.

하와이에 체류하는 비용은 어떻게 마련했어요?

집에서 지원받을 수 있는 상태는 아니어서 하와이에서 할 수 있는 일을 알아봤어요. 다행히 디자인 관련된 회사가 있었어요. 거기 지원했다가 붙어서 J1 비자라는 문화교류 인턴십 비자를 받았어요. 하와이로 가서 회사 다니면서 돈 벌고 남는 시간에는 훌라를 했어요. 하와이에서는 굳이 한국 사람들 안 사귀고 훌라에만 집중했던 거 같아요.

하와이의 훌라는 어때요?

한국이랑은 너무 다르죠. 훌라 자체가 고도의 종합예술이에요. 간단하게 설명하자면 훌라 학교인 할라우가 있는데, 학교마다 쿠무가 있어요. 쿠무는 종합예술인, 마스터 같은 거예요. 춤뿐만 아니라 훌라 의상에 들어가는 각종 장식과 의상도 만들 줄 알고, 하와이어로 이야기를 전달할 줄도 알고, 악기도 다 할 줄 알아요. 그 쿠무 밑에 수제자가 있고 또 그 밑에 학생들이 있어요. 훌라를 배운다는 게 춤을 배운다는 의미를 넘어서, 훌라 문화의 전통을 계승한다는 거에 가까워요.

그래서 훌라 학교에 들어갈 거면 나랑 잘 맞는 선생님을 알아보고 그 선생님 밑에서 쭉 배우는 게 제일 좋아요. 사실 한국은 훌라가 대중화되려면 아직 멀었어요. 일본은 거의 동네에 훌라 교습소가 하나씩 있을 정도예요. 우리나라로 치면 요가, 필라테스처럼 대중적으로 보급되었다고 생각하면 돼요. 하와이 사람들 초청해서 배우는 워크숍도 많고요.

단순한 춤이 아니라 '훌라는 삶'이라는 말을 하와이에 가서 실감했어요. 예를 들어서 엄마가 훌라를 시작하면 자녀들도 훌라를 배우게 되고 공예, 원단 염색 같은 걸 아빠가 돕다 보면 자연스럽게 훌라를 중심으로 온 가족의 삶이 돌아가더라고요. 모두가 그런 것은 아니지만, 하와이에서 그런 삶을 사는 사람들을 많이 봤어요.

훌라 대회에는 어떻게 참가하게 됐나요?

훌라 대회가 몸도 혹사당하고 정말 힘들거든요. 좋아하지 않으면 계속할 수 없었을 거예요. 특히 훌라가 외국인이 합류하기 힘들어요. 하와이에서는 할라우에 소속된 학생 중에 가능성이 있는 애들을 훈련시켜요. 일본은 훌라가 대중화되어 있어서 훌라 대회에 나가는 사람이 있기도 해요. 한국 사람 중에는 훌라 하는 사람도 별로 없고, 대회까지 나간 사람은 제가 처음이었을 거예요.

대회 나가려고 연습을 6개월을 했어요. 오디션을 보고 합류가 됐다고 끝이 아니고, 연습하다가 잘릴 수도 있어요. 가능성을 보고 훈련을 시키는 건데, 어느 수준까지 못 올라오면 가차

없이 자르는 거예요. 대회를 향해서 계속 달려가는 거죠. 훌라
는 솔로도 있긴 한데 저는 군무에 참여했어요. 시선 높이, 위
치, 동작이 칼군무 하듯 딱 떨어져야 하므로 하나로 움직일 때
까지 6개월 동안 합을 맞추는 거죠. 댄서마다 각자 삶이 있고
직업도 있는데 나중에는 주 5일까지 연습이 늘어나거든요. 퇴
근하고 바로 연습하고 샤워해요. 회사 — 연습 — 샤워 — 잠,
이렇게 반복하다 보니까 나중에는 빨래할 시간도 없었어요.

훌라는 어떤 점이 힘드나요?

보기에는 그냥 느리고 온화한 쉬운 춤 같아 보이지만, 체력
적으로 무척 힘들어요. 무릎을 구부린 상태로 계속 춤을 추기
때문에, 스쿼트 자세에서 춤을 춘다고 생각하면 될 것 같아요.
그래서 하체 근력이 굉장히 많이 필요해요. 또 춤이 느리니까
바디 컨트롤이 힘들어요. 기본적인 체력 훈련이 강도가 높은
편이에요. 어려운 기술 중에는 무릎을 꿇고 몸을 뒤로 완전히
젖혔다가 다시 올라오는 자세 같은 게 있어요. 겉으로는 평화
롭고 우아해 보이지만 자세 자체가 고통스러운 게 많아요. 발
레도 사람들이 봤을 때는 동작을 쉽게 하는 것 같지만 아무렇
지 않게 동작하기 위해서는 눈물의 트레이닝이 있는 것처럼,
훌라도 똑같아요.

포기하고 싶었던 적도 있었나요?

학교마다 다른데, 제가 있었던 곳은 하드트레이닝으로 유명한 곳이었거든요. 강한 댄서를 키우는 것으로 유명한데 거기에 제가 제 발로 들어갔고 대회에도 같이 나가게 된 거였어요. 근데 제가 힘들다고 못 하겠다고 하면 선생님이 봤을 때는 '너는 여기까지구나. 너는 우리가 생각하는 댄서는 아니야'라고 생각하게 되는 거죠. 저는 절대 그런 선택을 하고 싶지는 않았어요. 그리고 의식한 건 아니지만 저희 학교에는 제가 한국인으로는 처음으로 들어갔던 거라 한국에 대해 좋은 이미지를 심어줘야 한다는 생각도 했어요. 패기 있게 대회에 나가겠다고 해놓고 한국인 망신시키고 싶지는 않았어요. 잘하는 거로 더 유명해지지는 못할망정 나쁜 선례를 만들고 싶지는 않았어요. 무의식중에 그런 생각을 항상 했었던 것 같아요.

죽을 만큼 힘들었던 적이 있었다면요?

죽을 만큼 힘들다는 생각을 한 적이 여러 번 있었던 것 같기는 한데 이유가 정확히 기억이 안 나요. 제가 죽음을 자주 생각해서 그런가 봐요. 죽고 싶다는 생각보다는 사람은 언제든 죽을 수 있다는 생각 말이에요. 인생이 내가 계획한 대로 되는 게 아니잖아요. 계획했다고 해도 언제든 내 삶이 끝날 수 있잖아요. 그런 생각이 항상 있는 거 같아요. 그래서 죽음에 대해서 안 좋은 쪽으로 생각하기보다는 언제든 죽을 수 있는 삶이기 때문에 후회 없이 살아야겠다는 생각을 자주 해요. 선택을 할 때에도 너무 먼 미래를 생각하지는 않아요. 그래서 선택할 때 돈에 구애를 덜 받는 거 같아요. 지금 돈을 모으고 미래를 준비하는 것도 필요하지만, 그것만을 위해서 살고 싶지는 않아요. 제가 언제 죽을지 아무도 모르고 언제든 죽을 수 있다고 생각하기 때문에 좋아하는 걸 해야겠다고 생각해요. 나이가 들어서 후회하지 않을 선택을 하려고 해요.

그리고 대학교 때 한 선배가 갑작스럽게 교통사고로 죽었어요. 그 사건이 왜 그렇게 충격이었는지 모르겠는데, 그때 죽음에 대한 생각을 많이 했던 거 같아요. 어렸을 때는 장례식을 경험할 일이 없으니까, 죽음은 뭔가 멀리 있는 것으로만 생각했어요. 그때 그 사건을 경험하면서 큰 충격을 받았어요. 그때 그 소식을 듣고 장례식장에 다녀오고 나서부터 '사람 인생이라는 게 어떻게 될지 모르는 거구나. 누구나 언제든 죽을 수 있는 거구나' 하고 생각하게 되었어요.

나의 삶을 응원해준 사람들은 누가 있었나요?

가족한테 제일 고맙죠. 제가 하려는 일을 할 수 있게 어떻게든 도와줬어요. 그러고 보니 저는 감사하게도 항상 적절한 시기에 필요한 도움을 받았어요. 집이 여유롭진 않았지만, 운이 좋게도 등록금이 필요할 때 아버지가 학자금을 지원받게 된다든지 하는 일이 있었어요. 이번에도 훌라 대회에 나가려면 2천 불이 드는데, 하와이에서 다니던 회사 사장님이 모금을 받게 도와주셨거든요. 그래서 그런지 경제적으로 엄청 풍요롭지도 않고 전혀 안정적이지도 않지만 항상 믿음이 있었어요. 내가 도움이 필요할 때마다 상황이나 사람들이 도와줬기 때문에 앞으로도 원하는 것을 할 수 있다는 믿음이 생긴 것 같아요.

하와이를 갈 때부터 경험했던 일들이 제 신념을 강하게 만들었어요. 안 될 거 같았는데 거의 막판에 다 해결이 되었거든요. 제가 하와이 갈 때 나이가 30대 초반이었고 미혼에 한국에서는 훌라 하면서 영어학원 다녔으니까 소득 증명할 것도 없고 통장에 잔액도 적어서 너무 악조건이었어요. 비자도 항상 돈이 문제니까 비자가 안 나오면 못 가는 상황이었어요. 해결해보려고 대행사에 연락했는데 담당자가 하와이에는 디자인 공고가 없다는 거예요. 근데 10분 있다가 다시 전화가 왔는데 하와이에 공고가 생겼다는 거예요. 담당자가 저와 전화를 끊고 앉자마자 메일로 하와이의 공고가 왔다는 거예요. 저한테 이런 일이 계속 생기니까 계속 누군가가 저를 돕고 있다는 생각이 강하게 들어요.

훌라 대회 나가기 1주일 전 오른쪽 무릎을 다쳐서 무릎 꿇는 동작도 안 되었어요. 6개월 동안 연습한 건데 고작 일주일 남기고 그렇게 되어버리니까 너무 짜증이 났어요. 여기까지 어떻게 왔는데... 그만둘 수는 없었어요. 그래서 무대 올라가기 전까지 고통을 못 느끼게 해달라고 계속 기도했어요. 선생님의 이름을 걸고 무대에 서는 날이었고, 한국인으로서는 대회에 처음 참가하는 거였으니까요. 그날은 전 세계에 라이브 스트리밍을 하고 있기도 했고요. 부담감이 엄청나서 '저랑 함께 무대에 서주세요' 하는 마음으로 기도하고 무대 위에 올라갔어요. 다행히 대회는 아무 통증 없이 실수 없이 잘 마치고 내려왔어요.

지금 안 하면 후회할 것 같은 일이 있다면요?

지금쯤 누굴 만나면 좋을 것 같다는 느낌이 드는데, 원했던 사람들과 잘 안됐어요. 막판에 한국에 오기 전에 자연스럽게 잘 맞는 사람을 만났어요. 삼십 대가 되니 사람을 만날 때 조건을 따지게 되잖아요. 근데 그 조건을 다 떠나서 사람 자체가 마음에 드는 사람을 만났어요. 이제 연애에 에너지를 쏟아보고 싶은 생각이 들어요.

대회 끝내고 나서 느낀 게 있다면요?

하와이를 오길 잘했고 포기 안 하길 잘했다고 생각했어요. 또, 인생에서 값진 건 공짜로 얻을 수 없다는 것을 절실하게 느꼈어요. 'No pain, no gain'이라는 말을 정말 뼈저리게 느껴어요. 그리고 제 모든 걸 쏟아부을 만큼 가치 있는 경험이었다고 느꼈어요.

　전 사실 꿈을 이뤘다는 생각이 들어요. 하와이에 가서 훌라를 배웠고, 한국인으로는 처음으로 훌라 대회에도 참가했어요. 원하는 뮤지션의 음악을 배경으로 훌라를 추고 하는 일들은 제가 꿈으로만 생각했던 것들이거든요. 이제 약간 겁이 없어진 거 같아요. 행동하면 어느 정도 이룰 수 있다는 생각이 들어서 생각이 많이 바뀌었어요. 또, '한 길이 닫히는 건 더 좋은 문이 열리려는 것이니까 수긍해라' 하는 말씀을 교회에서 들은 적이 있는데, 그 이후로는 뭔가 막히면 이게 뜻이 아니구나, 더 좋은 길이 있겠지 싶은 마음이 들어요. 대회 끝나고 무릎이 안 좋아져서 한국에 들어왔는데, 하와이에 다시 나갈 기회가 또 생겼어요. 이게 좋은 기회인지 아닌지는 나가봐야 알겠지만, 어쨌든 길이 또 생겼으니 가보려고 해요.

후회없이 살고 싶었고 후회없이 살았다.
매 순간 내 마음이 이끄는대로.
겁이 날때도 있었고 후회되는 선택들도 있었지만
기도로 내 자신을 일으켜 세우고
용서하며 살았던 것 같다.
나는 내 인생에 있어서 콜라를 만난것이
최고의 행운이자 축복이었다고 생각한다.
콜라를 통해 더 넓은 세계로 나아가 댄서로서
그리고 한 사람으로서 인생을 살아가는 지혜를 배웠고
사랑하는 방법을 배웠다.
그리고 꿈을 이루어가는 과정에 있어서 불가능하다고
느낄때마다 그 순간들을 이겨나갈 수 있는 용기와 의지를
하나님께서 주셨다.
너무나도 부족한 나였지만 늘 옆에서 보듬어주고
사랑해준 우리 가족들 그리고 살아온 날들 동안
마주쳤던 모든 인연에게 내 자신이 소중한 기억으로
남기는 간절히 바란다.
행복했고 즐거웠고 감사했다.

마치면서

마치면서

책을 만들면서 한 사람의 인생의 궤적을 따라 같이 걸어보는 귀한 경험을 했습니다. 어떤 삶에든 고난은 있다는 것, 그 고난 속에서도 포기하지 않고 살아가고 있는 사람들이 모여 이 사회를 지탱하고 있다는 것에 대해 오래 생각하게 됩니다. 때때로 삶에 찾아오는 고난이 때론 선물일 수 있다고 감히 생각해봅니다.

인터뷰를 하고 나서 제일 많이 들었던 이야기가 누가 자기 이야기를 들어준 것만으로도 엄청난 위로가 되었다는 말이었습니다. 단지 그 사람에 관한 질문을 건네고 들어주었을 뿐인데 잠시나마 야매 상담소의 역할을 한 것 같기도 합니다. 참여자들에게 자기 안의 부정적인 생각을 털어버리고 위로받는 시간이 되었기를 바랍니다.

처음 인터뷰를 진행하고 책이 나오기까지 약 1년이 걸렸습니다. 책을 만들 때 저를 가장 망설이게 만들었던 점은, 정말 힘든 사람들 근처에는 닿지도 못한 것이 아닌가 하는 생각이었습니다. 어떤 사람들은 사고로 갑자기 장애가 생겼다든지 범죄의 희생양이 되었다든지 하는 사건으로 인해 삶이 송두리째 바뀌기도 하니까요. 그런 생각 때문에 녹취록을 원고로 옮기면서는 솔직하게 '이 정도는 다들 가진 흔한 문제 아닌가?' 하는 건방진 생각을 하기도 했습니다. 아차 싶었습니다. 저는 타인의 고통을 평가하고 비교하는 실수를 할 뻔했습니다. 각자의 인생의 짐에 공감했다가도 그동안 제가 당해온 평가와 충고를 반복하려 했습니다. '이 정도는 당연히 버텨야 하는 거 아닌가?' 하는 식으로 상대를 일반화해서 평가하려는 마음이 불쑥불쑥 튀어 올라 책 만드는 것을 머뭇거리기도 했습니다. 그때 정신건강의학과 전문의 정혜신 선생님의 책 <당신이 옳다>를 읽고 큰 도움을 받았습니다. 나와 상대에게 생채기를 내는 말들이 충고, 조언, 평가, 판단하려 하는 말에서 시작된다는 것을 알게 되었습니다.

누군가 고통과 상처, 갈등을 이야기할 때는 '충고나 조언, 평가나 판단(충조평판)'을 하지 말아야 한다. 그래야 비로소 대화가 시작된다. (중략) 불행하게도 우리 일상의 언어 대부분은 충조평판이다.

"그런 생각은 잊어. 너한테 좋을 게 하나도 없어." – 충조
"그럴수록 네가 더 열심히 하고 배우려는 자세를 가져야지." – 충조
"긍정적으로 마음을 먹어봐." – 충조
"그건 너를 너무 사랑해서 한 말일 거야." – 평판
"네가 너무 예민해서 그런 거 아니니?" – 평판
"남자는 다 거기서 거기야. 별다른 사람 있는 줄 아니." – 충조평판

———————————————— 106p, 당신이 옳다 | 정혜신 | 해냄

충조평판을 하면 그 존재 자체를 볼 수 없다는 말이었습니다. 그래서 저도 제 주변 사람들에게 이렇게 묻고자 합니다.

"요새 마음이 어때?"

책에서 배웠듯 그 사람의 조건과 환경 이를테면 일, 승진, 취미, 가족보다는 존재 자체에 대한 질문을 건네려고 합니다. 부디 이 글을 읽은 분들도 타인을 평가하려 하지 않고 존재에 공감해주기를 바라봅니다. 주변에 힘들어 보이는 사람이 있다면 마음이 어떤지 물어보고 가만히 귀 기울여주세요.

더불어 제가 힘든 시기를 보낼 때 안부를 묻고 곁에 있어줬던 가족들과 친구들에게 고맙다고 말하고 싶습니다. 떠날 수 없게 만드는 사람들이 있어 멈췄던 발을 뗄 수 있었습니다. 크고 작은 워크숍에서 자신의 목소리를 내는 독립출판 창작자들에게도 감사의 마음을 전합니다. 덕분에 영감과 용기를 얻어 한 발 더 나아갈 수 있었습니다. 제가 용기 내서 뗀 발걸음이 또 다른 이에게 위로와 용기를 줄 수 있다면 더없이 좋을 것 같습니다. 모두에게 감사의 마음을 담아 적습니다.

80년대생들의 유서

초판 인쇄 2021년 5월 28일

글/디자인 - 홍경아 (@hong.geul)

일러스트 - 우인영 (@wio.artwork)

교정/교열 - 다미안 (@damian_contigo)

인쇄 - 명인문화사

펴낸 곳 - 구르북스

출판등록 - 2021년 4월 27일 | 제 25100-2021-000028호

이메일 - hong.geul.work@gmail.com

ISBN - 979-11-974619-0-3

*잘못된 책은 구입하신 서점에서 교환해드립니다.

*본 제작물에는 YES24에서 제공한 서체인 '예스명조'가 쓰였습니다.